200万回
再生された
究極の美脚トレ

別人級30秒ダイエット

会社員ダイエッター
miii

何もしなかった日ではなく、何かした日にしよう

私、miiiは、「ふつうの会社員」です。
月曜日から金曜日、夜遅くまで働いていると、
「疲れたな〜」「やる気出ないな〜」
なんて日もあるけど、
そんなときに必ず思い出すフレーズがあります。

「何かした日にしよう」
そう思って行動したその瞬間から、
あなたの「生まれかわり筋」が目覚め始めます。
そして、この気持ちを持つことが、
ダイエットを成功させるための最大のパワー。
まさに「自分を変えられる私」の誕生です！

だからこそ、この本は、
あなたの「やる気」を突き動かす1冊でありたいのです。

この本に載っているエクササイズを1つ、
たった30秒だけでもいいです。
ぜひ習慣化して、「何かした日」に変えてみてください。

毎日何か1つできればダイエットは成功したも同然！
明日のあなたの体が変わるのを楽しんでくださいね。

miii

今、この瞬間
「自分を変えられる私」になる

忙しい人でも、別人級ボディになれる

miii式ダイエットのエクササイズは、「ながら」でOK。
特別な器具は必要ありません。
覚えておきたいポイントはたった1つ!
「チリツモ」がmiii式エクササイズの要。
スマホを触っているとき、ベッドに寝転んでいるとき、座っているとき……そんなふだんの日常生活のなかに紹介したエクササイズを1種目でもいいので取り入れてみてくださいね!

そのLINEの返信
エクサしながら
返してみない?

200万回再生された分だけ 全国の仲間が頑張ってる!

InstagramやTikTokにエクササイズ動画を投稿すると、
200万回再生されることが多々あります。
動画の再生回数が多いのは、きっと信頼の証。
みなさん“お墨付き”の30秒ダイエットを1冊にまとめました!

好きな服を自由に選べる！ 私のダイエットヒストリー

今の夫と付き合って1年が経ったころ、彼のアメリカ転勤が決まりました。そのタイミングで、新型コロナウイルスが流行し、しばらく会えない状況に……。私は在宅勤務になり、外に出ない日々が続きました。1日の歩数はたった3桁。さらに、お菓子作りにハマったこともあり、どんどん体型が崩れていきました。そんなとき、オンラインで彼と話をしていると、「ちょっと顔、丸くなったね」といわれてしまったんです……。2年後には結婚も決まっていたので、そのときまでに絶対にキレイになってやる！ と決意したのが、ダイエットのきっかけ。

ダイエットはそこそこ順調でしたが、途中にはだらけてしまう時期も。そこで、「30秒だけでもいいから、何かしてみよう」と考えて行き着いたのが、今の30秒ダイエットです。

ダイエットに成功したことで、着たいと思った服を自由に選べるようになったし、Tシャツ・ジーンズだけでもかっこよく決まるように！

それに、おいしいものを罪悪感なく、楽しんで食べられるようにもなりました。あと一番うれしかったのは、自己肯定感があがって、心に余裕が持てるようになったこと。だから、自分の体だけでなく、心の健康のためにも、これからも続けていこうと思っています。

結婚式は、最高の自分で迎えることができました！

二の腕

チアリーディングをやっていたから、筋肉の上に脂肪がついてムキムチ……。今は水着も堂々と着られるように！

Before

背中

キャミソールを着ると、脇横の肉が乗っちゃう……。今は姿勢がよくなり、厚みもとれて肩甲骨が目立つようになった！

Before

-8kgできました！ 3ヶ月で

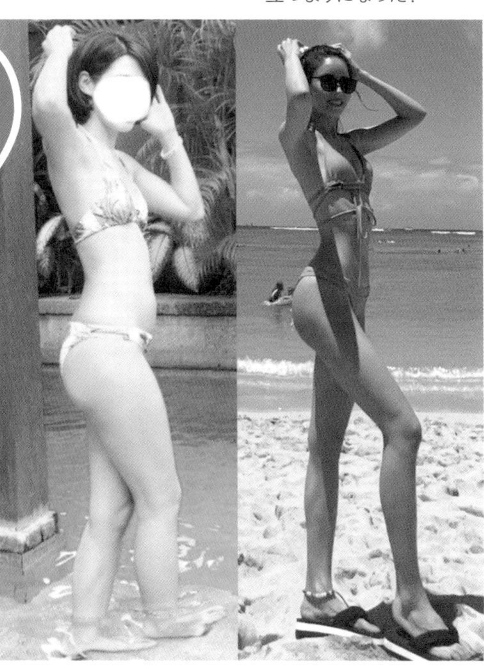

Before ➡ After

脚

Before

前ももが張ってて、ふくらはぎもパンパン！ 今は、反り腰が改善して、前ももの筋肉が発達しなくなったので、全体的にキュッと細く！

お尻

Before

垂れているし、太ももとの境目がわからない。脚も短く見える……。今は、お尻がキュッと上にあがって、太ももとの境目もくっきり♡ 脚長効果も！

お腹

Before

姿勢が悪かったこともあって、下っ腹ぽっこり！ ダイエット成功後は姿勢も改善され、下腹が凹んでスッと縦線が入った！

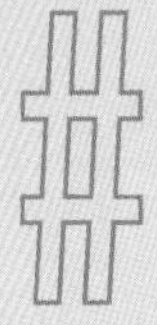

別人級30秒ダイエットとは?

毎日違うエクササイズを取り入れて最速ラクヤセ!

本書は、お尻、脚、お腹、背中という4つの部位別エクササイズのほか、食べすぎたときにリセットできるエクササイズ、隙間時間にできる燃焼エクササイズ、体をほぐすストレッチという、計7つのプログラムを掲載しています。毎日違うエクササイズに取り組むことで、効率よく全身ヤセが実現できます!

1つの動きはたった30秒でOK!

エクササイズは、とにかく同じ動きを30秒間、リズミカルに続けるだけでOK。回数制限もありません。もしほかのエクササイズをする余裕があれば、10秒の休憩を挟んでから、次の動きに挑戦してみてください。各partのエクササイズは、休憩を入れても5分程度で終わる内容になっています。

エクササイズは動画を見ながら実践できる!

各partの最初に、partごとのエクササイズ全体を通しで見られる動画の二次元コードを掲載しています。スマートフォンなどで読み込んで、実際のエクササイズの動画を見ながら一緒にやってみましょう。

30
お尻
カエル脚アップ
29
sec
仰向けになり、足のかかとをつけてひざを開く

※動画の再生には別途通信料がかかります。

見てマネするだけ!

part 1
お尻
エクサ
▶P14

part 2
美脚
エクサ
▶P30

part 3
無敵
エクサ
▶P44

part 4
くびれ
エクサ
▶P60

part 5
女神ライン
エクサ
▶P78

part 6
ながら燃焼
エクサ
▶P94

part 7
ゆる
エクサ
▶P108

1つのpartで紹介している
エクササイズを全部やっても、
必要な時間は5分程度！

miii式ダイエット Q&A

Q

1日ぐらいなら サボってもOK？

運動が習慣化するまでは、毎日やるのがおすすめ。1つのエクササイズだけでもいいので、続けてみるのが大切です！運動習慣が身についてきたら、逆に休みの日を入れるほうが体作りには効果的です。週3回しっかり運動をして、3日間は休み、1日はストレッチをするくらいで大丈夫になります。

Q

どんなタイミングで トレーニング していますか？

朝起きてすぐと、夕食を食べて1時間後くらいです。朝は胃に何も入ってない状態なので、脂肪が燃焼しやすいんです。空腹の状態でウォーキングするのが理想だけど、時間がないときはその場で足踏みするだけでも違います。夕食後は、テレビを見たり、音楽を聴いたりしながら運動しています。

Q

毎日続けるコツは？

最初から－10kgを目指す！みたいに目標を高くしすぎるのではなく、1つのエクササイズでもいいから毎日続けることを目標にするといいです。そうすると、ありがちな「昨日できなかったし……もういいか」を言い訳にした三日坊主を防げます。コツコツと積み上げていくと、自信につながりますし、やらないと気持ち悪い……って思えるようになったら、ダイエットは成功したも同然です。

チリツモが大切です！

Q

食事制限はしていますか？

私には糖質制限より脂質制限のほうが合っているので、油や脂肪をなるべく摂りすぎないように心がけています。1日3食、ごはん（白米）もしっかり食べますが、間食はなるべくしないように。どうしてもお腹が空いたときは、おやつ代わりにおにぎりを食べています！ おすすめのダイエット食はP106で紹介しているので、ぜひ参考にしてください。

Q

生理中はエクササイズをやってもいい？

生理中でもエクサをしてもOK。だけど、しんどければストレッチのみでも大丈夫です。ただ、生理前はむくみで何をやってもヤセないので、バナナやキウイなど、カリウムが多い食材を食べてむくみを予防しつつ、体重を落とすのではなく、「現状維持」を目指すといいですよ。

モチベーションがさがりそうなときはどうしていますか？

一気に体重が落ちるとうれしくてモチベーションもあがりますよね。でも本当はヤセたあとにどれだけキープできるかが重要。キープできて、初めてダイエット成功といえます。停滞期にはモチベーションがさがりやすいので、そんなときは「すぐに結果を求めたらダメだ」と自分に言い聞かせて、なんとか30秒だけ頑張っています。

Q

何ヶ月続けたら効果が出ますか？

1週間くらいやって結果が出ないと、自分にはこの方法が合っていないのではないかと感じて、諦めてしまう人が多いんですよね。でも、体ってそんなにすぐには大きく変わりません。最低でも2ヶ月間は続けてみてください。体が変わっているのを実感できるはずです！

HOW to USE

エクササイズ動画を見る前に、
まずは本書で正しい動き方をチェック

03 片脚ヒップリフト

お尻を片方ずつ狙って急速引き締め!

part 1

30秒 お尻エクサ

NG

高くあげすぎると、腰に負担がかかる。

Step 1

仰向けになって脚を肩幅に広げ、ひざを立てたら、片脚をひざの上に乗せる。

POint
左脚を上に乗せると、右のお尻に効く!

乗せる

片脚は…

手のひらは床につける

Step 2

かかとに重心をかけながら、お尻を上にあげる。1に戻り、同じ動きを繰り返す。
30秒やったら、反対も同様に。

お尻を

ひざ、腰、胸がまっすぐ一直線になるように

グッと!

18

19

エクササイズが苦手な人でも、パッと見て実践できるようになっています。
POINTやNGも参考にしながら、30秒、とにかくやってみましょう!

あなたの
「生まれかわり筋」が
目覚めるのは、今、この瞬間!
30秒ダイエット
STARTです!

Part 1

お尻があがれば脚は長く見える!

30秒お尻エクサ

30秒
お尻エクサ
カエル脚アップ
29
sec
仰向けになり、足のかかとをつけてひざを開く

動画でCHECK!

part1で紹介している6つのエクササイズ×30秒のフルセットを動画にしています!
一緒にやってみましょう!

01 プリッとあがった最強小尻に！ カエル脚アップ

Step 1

仰向けになり、かかとをつけてひざを開く。

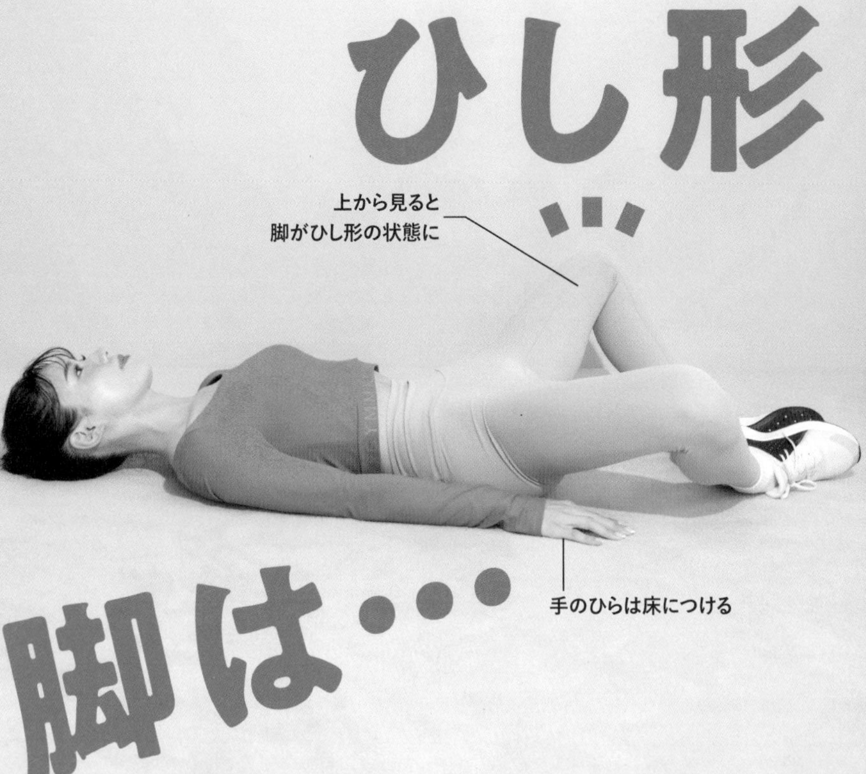
ひし形
上から見ると
脚がひし形の状態に
手のひらは床につける
脚は…

NG

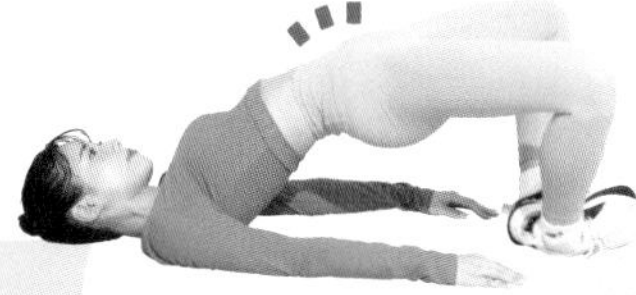

高くあげすぎると、腰に負担がかかる。

Step 2

かかとに重心をかけながら、お尻を上にあげる。*1*に戻り、同じ動きを繰り返す。

お尻をグッと!

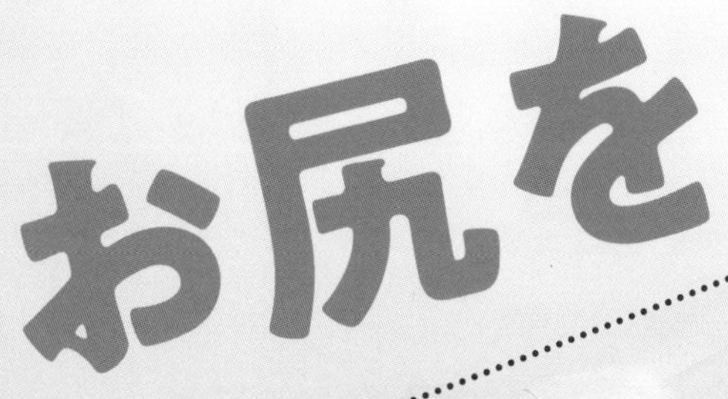

ひざ、腰、胸がまっすぐ一直線になるように

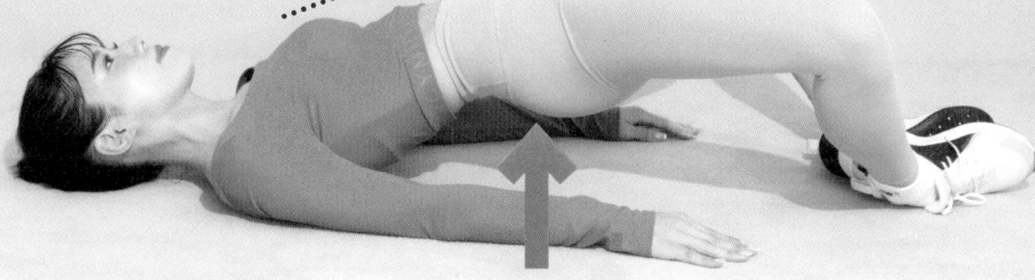

Point

お尻の穴をギュッと締めるイメージで、力を入れて!

02 お尻と脚の境目がくっきり! ヒップリフト

Step 1

仰向けになって、ひざを立てる。

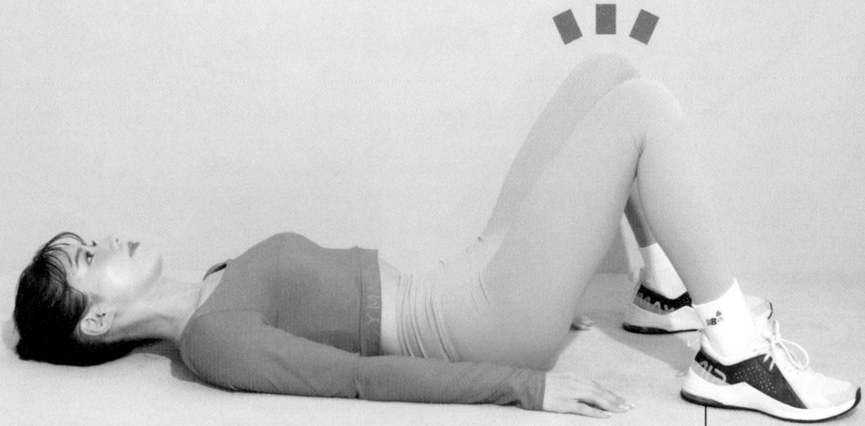

ひざは…立てる

脚は肩幅に開く

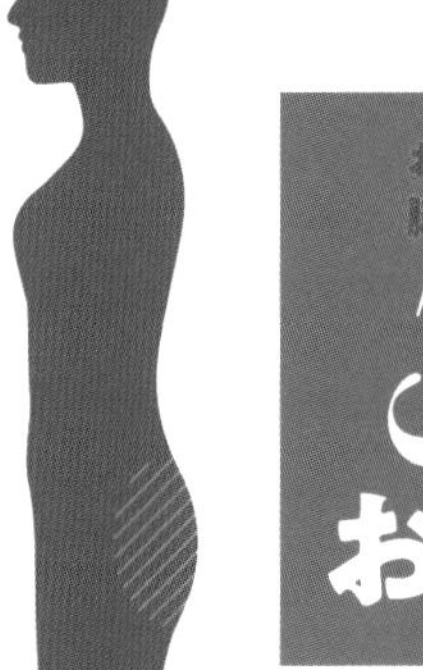

NG

つま先に重心をかけると前ももに力が入ってしまうので×。

Step 2

かかとに重心をかけながら、お尻を上にあげる。*1*に戻り、同じ動きを繰り返す。

お尻をグッと!

ひざ、腰、胸が
まっすぐ一直線になるように

Point

裏ももとお尻に効いている感覚があればOK!

03 片脚ヒップリフト

お尻を片方ずつ狙って急速引き締め!

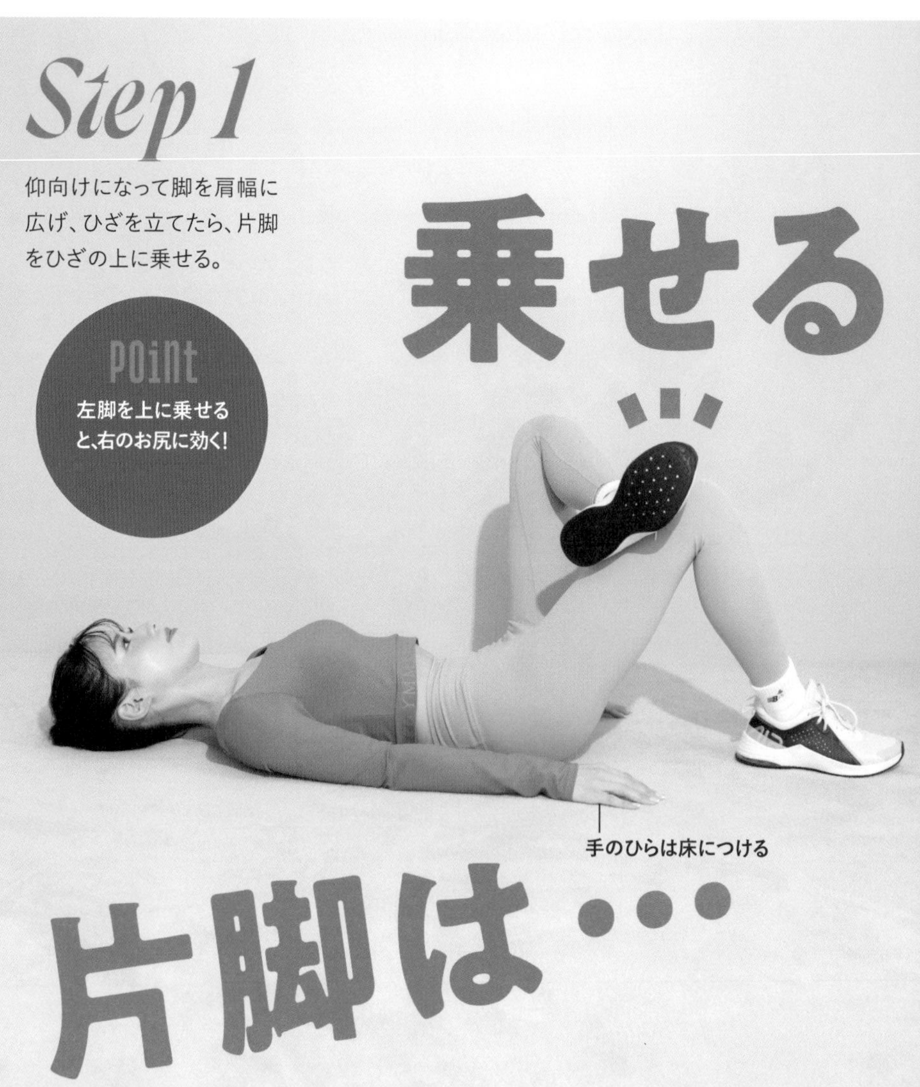

Step 1
仰向けになって脚を肩幅に広げ、ひざを立てたら、片脚をひざの上に乗せる。
乗せる
POINT
左脚を上に乗せると、右のお尻に効く!
手のひらは床につける
片脚は…

お尻があがれば
脚は長く見える！
30秒
お尻エクサ

高くあげすぎると、腰に負担がかかる。

Step 2

かかとに重心をかけながら、お尻を上にあげる。*1*に戻り、同じ動きを繰り返す。
30秒やったら、反対も同様に。

お尻を

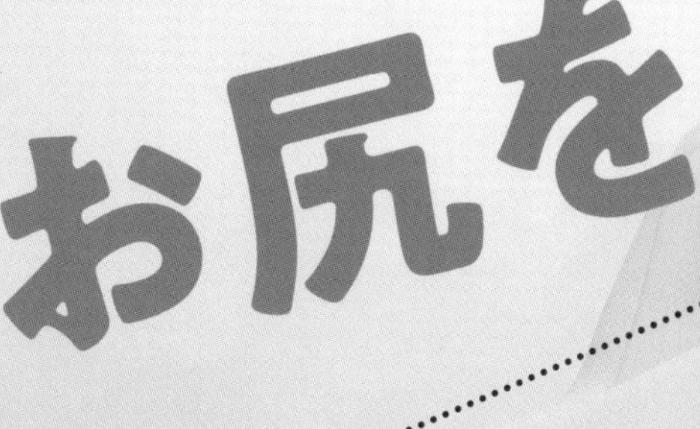

ひざ、腰、胸がまっすぐ一直線になるように

グッと！

04 お尻と太ももをキュッとコンパクトに!
ドンキーキック

Step 1
四つん這いになって片脚を
あげ、ひざを曲げる。
直角に!
手は肩幅に広げる

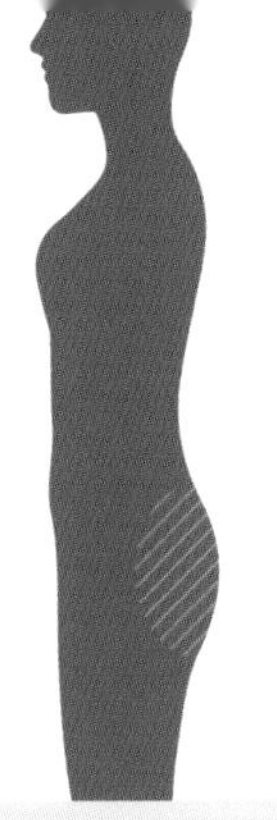

Step 2

脚の位置をキープしたまま、ひざを上にあげる。*1*に戻り、同じ動きを繰り返す。
30秒やったら、反対も同様に。

あげさげ♪

足裏を
天井に向ける

ひざだけ
上にあげる

リズミカルに！

05 テレビを見ながらの美尻作り！ ヒップスラスト

POINT
ソファやベッドが、ひざ下くらいの高さだとやりやすい。

Step 1

背中をソファにつけ、ひざを立ててお尻を浮かせる。

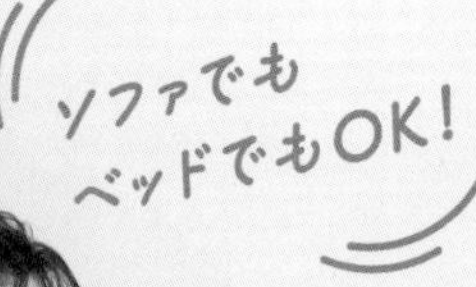
ソファでも
ベッドでもOK！

手は胸の前でクロス

脚は肩幅より広く

お尻があがれば
脚は長く見える!
30秒
お尻エクサ

NG

腰が反るのは×。お尻の穴をキュッと締めつつ、お腹に力を入れて。

Step 2

背中をソファにつけるイメージで、お尻を持ちあげる。*1*に戻り、同じ動きを繰り返す。

お尻グイ〜

力を入れて
一瞬キープ!

06 ゴロンとしながらタレ尻改善! 両脚バックキック

POINT
慣れてきたら、スマホを見ながらやってもOK！

Step 1

うつ伏せになり、脚を肩幅より広げる。

伏せ〜

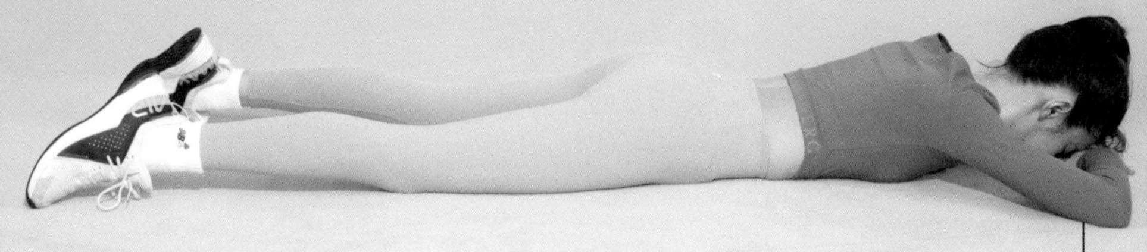

おでこは手の甲の上に乗せる

Point

両脚をあげるのが難しい人は片脚だけから始めてみよう。

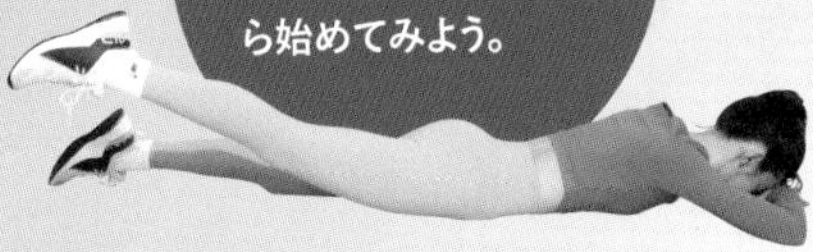

Step 2

股関節から上にあげる。*1*に戻り、同じ動きを繰り返す。

付け根グイ～

ひざと太ももを床から離す

たまにやるきついエクササイズはモチベーションになる

簡単なエクササイズに慣れてくると、なんだか物足りなくなってくることも。そこがステップアップのチャンスです！ 右ページの動画で紹介しているバンドを使う、またはハードなエクササイズにもチャレンジしてみましょう。より効果が高いので、結果がすぐに出てモチベーションがあがります。

私も初めはバンドの負荷がきつくて諦めたけれど、しばらくしてまた挑戦したら、できるようになっていました。だから、つらいと思ったら1回やめていいんです。そしてまた1週間後にやってみると、できるようになっているかも。しかも、これができるころには、以前に比べて体も変わっているはず！

難しいことができるようになるのは、自分が努力した証。自己肯定感アップにもつながるはずです。

レベルアップメニュー

Menu

1

ふくらはぎとお尻の脂肪が消滅する!

シェル

2

たるんだお尻を引きあげる!

シェル（バンドあり）

3

体幹を鍛えて、内側から体を変えていく

ヒップアブダクション（バンドあり）

4

脚とお尻をダブルで鍛えて下半身ヤセ!

ブルガリアンスクワット

5

お尻と裏ももを鍛えて、後ろ姿美人に!

ひざ曲げ両脚バックキック

6

全身に効く! コスパ最大のエクササイズ

ダックウォーク（バンドあり）

※miiiのInstagramでエクササイズを公開しています!

1万歩歩く習慣で体も心も健康に

会社に通っていたころは、通勤だけで1日5千歩くらい歩いていたんです。でも、コロナで在宅勤務になると、1日の歩数がなんと300歩くらいに！ ここまで動かないと、消費カロリーが違うんです。実際、コロナ期間に太りました……。だったら、「1万歩歩いたらどれだけ消費できるんだろう」と、実験的な気持ちで始めてみました。

1万歩歩くには、1時間半ほどかかります。月曜日から金曜日は、フルタイムで仕事をしているので、ここまでウォーキングにかける時間はありません。でも、「毎日の生活で歩く歩数」も含めての1万歩なら、1駅手前で降りて歩くとか、遠くのスーパーに行くとか、飲み会は早めに家を出て歩いて向かうとか、そういった少しの工夫でクリアすることができるので、簡単に習慣化できます。難しい人は「5千歩を目指す」でもOKです！

忙しいときは「歩く時間がもったいない。その分仕事しなきゃ」と思いがち。でも、風に当たるだけでもリフレッシュできるので、むしろ行き詰まったときこそ歩いたほうが、仕事が早く終わることもありますよ。

1万歩歩くのを習慣化するだけで、脚が見違えるほどすっきり！

part 2

最短ルートで脚ヤセできる！

30秒美脚エクサ

動画でCHECK!

part2で紹介している6つのエクササイズ×30秒のフルセットを動画にしています！
目指せ美脚美人！

01 張った前ももとサヨナラ！ 前ももストレッチ

Step 1

片ひざを前に出し、ひざ立ちになる。

NG

つま先よりひざが前に出ると、股関節に負荷がかかるので×。

Step 2

姿勢をキープしたまま、前にグッと踏み込む。
30秒やったら、反対も同様に。

グゥ〜ッと

骨盤を前に出す

前ももを伸ばす

02 寝たままスラリ美脚を作成！ 脚パカ

まっすぐ！
かかとをつける
手はお腹に乗せても、
床においてもOK！

Step 1

仰向けになり、両脚を天井に向かってまっすぐ伸ばす。

最短ルートで
脚ヤセできる!
30秒
美脚エクサ

Step 2

脚をまっすぐ伸ばしたまま、
開く、閉じるを繰り返す。

POINt
閉じるときに、しっかりかかとをくっつけるようにすると、内ももに効く!

肩幅くらいまで開く

つま先は
外側に向ける

パカッ!

ひざは少し
曲げてもOK

03 寝ながら太もものたるみを撃退！ カエル脚パカ

Step 1

仰向けになり、かかとをつけてひざを開く。

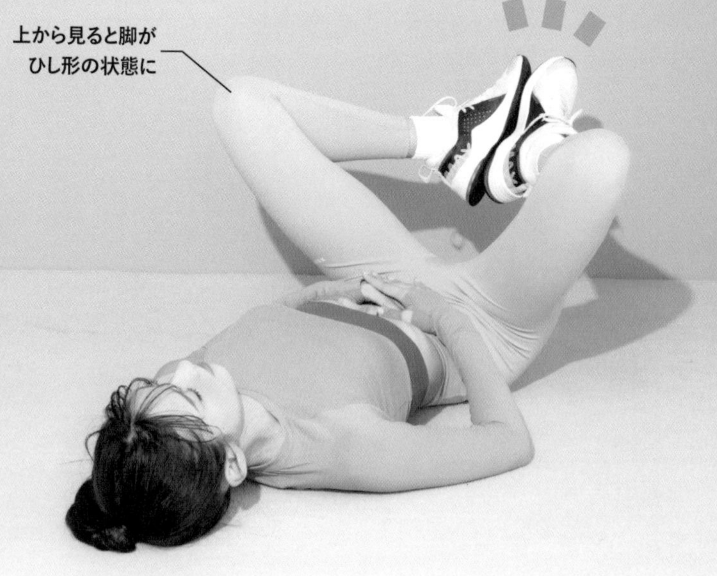

カエル脚
上から見ると脚がひし形の状態に

最短ルートで
脚ヤセできる!
30秒
美脚エクサ

まっすぐ!

Step 2

かかとをつけたまま、まっすぐ上に伸ばす。1に戻り、同じ動きを繰り返す。

かかとはつけたまま

ひざは開いていてOK

Point
深呼吸しながら、リズミカルに。

04 お尻と太ももの境界線がくっきり! ヒップアブダクション

Step 1
両手両ひざをついて、四つ
ん這いの姿勢になる。
四つん這いで…
手と脚は肩幅に開く

最短ルートで
脚ヤセできる！
30秒
美脚エクサ

NG

ひざを広げたとき、お尻が横に逃げないように！

POInt

体が脚につられて傾いたり、反り腰になったりするのは×。体をまっすぐキープできるところまで、ひざを広げればOK。

Step 2

脚の形を保ったまま、ひざを横に広げる。1に戻り、同じ動きを繰り返す。

30秒やったら、反対も同様に。

横に!!

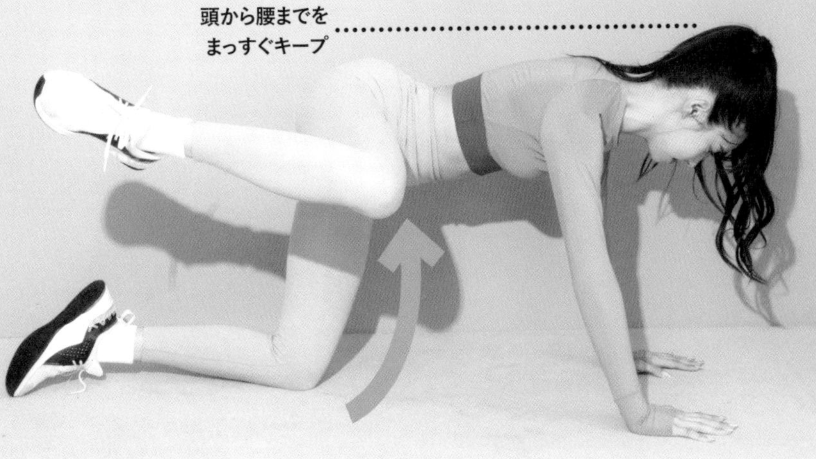
頭から腰までを
まっすぐキープ

内もも間に憧れの隙間ができる!

05 レッグアダクション

Step 1

横向きに寝転がり、上の脚はひざを曲げて前に出す。

最短ルートで
脚ヤセできる!
30秒
美脚エクサ

NG

体が前に倒れてしまうと脚があがらないので×。

Step 2

下になっているほうの脚をまっすぐ上にあげ、床に足がつかないギリギリまで下ろす。同じ動きを繰り返す。
30秒やったら、反対も同様に。

あげさげ

かかとを天井に向ける

上半身にも力を入れ、手で体幹をしっかり支える内ももの脂肪を狙って燃焼！

06 ワイド スクワット

肩幅より広く！

Step 1

脚を肩幅より大きく広げ、
まっすぐ立つ。

つま先は45度
外に開く

最短ルートで
脚ヤセできる！
30秒
美脚エクサ

Step 2

背筋を伸ばしたまま、お尻をグッと落とす。1に戻り、同じ動きを繰り返す。

お尻を下に！

グゥ〜

背筋はまっすぐキープ

かかとに重心をかける

NG

ひざがつま先よりも前に出るのは×。

POint

元の姿勢に戻るときはお尻にギュッと力を入れる。

歩くだけで美脚に！ 脚ヤセする歩き方

脚ヤセするには、歩き方も重要。ふだんヒールを履いていると、どうしてもつま先に重心がかかり、ふくらはぎが太くなってしまいます。なかにはヒールを履いていないときでさえ、その歩き方がクセになっている人も。

歩くときは、かかとに力を入れて踏み出しましょう。目線が下にさがると猫背になりがちなので、前を向いて歩くのもポイント。スマホを見ながら歩いているだけで、猫背＆つま先重心の原因になります。

股関節が動いているのを感じるくらい、歩幅を広めにするのもコツ。2人追い越すくらいの気持ちで歩くと、自然と大股になり消費カロリーがUP！ このとき、お尻は締めること。ヒップアップ効果はもちろん、ひざや足首などの負担も軽減されます。猫背を意識すると反り腰になってしまうという人も、お尻に力を入れると予防できますよ。

とはいえ、アレコレ考えすぎるとつまらなくなるので、初めはどれか1つでも意識できれば十分。まずは、歩くことを楽しみましょう♡

正しい姿勢と歩き方がポイント！ 気分もリフレッシュできます。

part 3

食べすぎた日は これでリセットする！

30秒 無敵エクサ

30秒
無敵エクサ
アドミナルパンチング
24
sec
腰を体の内側にひねって、ななめ前にパンチ！

動画で CHECK!

part3で紹介している7つのエクササイズ×30秒のフルセットを動画にしています！
その日のカロリーは、その日のうちにリセット！

01 スリム脚も狙いつつ脂肪を燃焼！
オープンクローズステップ

Step 1

まっすぐ立ってスタンバイ。

食べすぎた日は
これでリセットする!
30秒
無敵エクサ

Step 2

円を描くように

手を大きくあげながら、右脚を横に開く。*1*に戻ったら同様に左脚を横に開く。同じ動きを繰り返す。

POINT
とにかく大きく動いて心拍数をあげる。

ステップ♪

大きく横に踏み出す

02 体幹を鍛えながらプニプニお腹を退治！
マウンテンクライマー

Step 1

両ひじを伸ばした状態で手のひらを床につけ、腕立て伏せの姿勢に。

Ready…

頭からかかとまで
まっすぐキープ

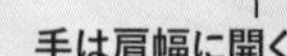
手は肩幅に開く

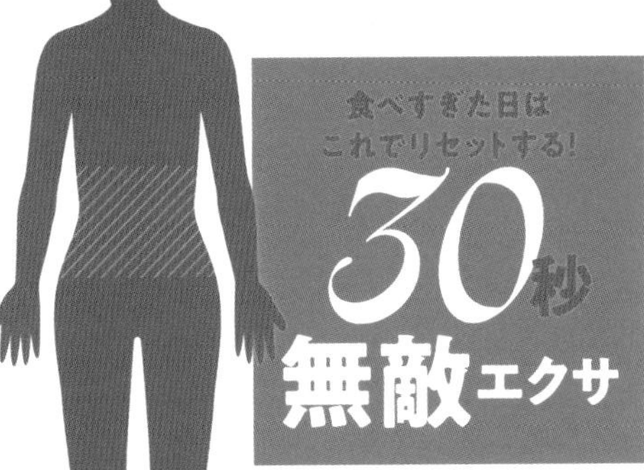

NG

腰があがり、背中が丸まるのは×。低い位置でキープするよう意識して。

POINT

リズミカルに脚を入れ替えるのが大切。

Step 2

姿勢を保ったまま、ひざを胸のほうに引き込む動きを左右交互に繰り返す。

シュッ!
腹筋にぐっと力を入れて、
脚を引き寄せる

脚を交互に引き寄せる

03 腕、お腹、体幹を一気に締めあげ！
アニマルフロー

脚を肩幅に広げて立ち、手を床につける。

腕立て伏せの姿勢になるまで、手を交互に前に出していく。

足は動かさない

食べすぎた日は
これでリセットする!
30秒
無敵エクサ

Step 2

腕立て伏せの姿勢になったら、次は脚を交互に前に進める。*Start*に戻り、同じ動きを繰り返す。

脚で前に!

脚はお腹に引きつけるように

04 ジャンプなし バーピー

マンションでもできる! 全身に効く脂肪燃焼エクサ!

Start

脚を肩幅に広げて立つ。

Step 1

床に手をつけた前屈姿勢から腕立て伏せの姿勢になるまで、手を交互に前に出していく。

Step 2

*1*の前屈姿勢になるまで手を交互に素早く戻す。つま先立ちになって頭の上で手を叩く。

POINT

手を出す、戻すのテンポをできる限り速く行う。慣れるまではゆっくりでOK。

POINT

余裕があれば、手を叩くときに上にジャンプ！ 脂肪燃焼効果が高まる。

05 翌日は筋肉痛確実……だけど全身ヤセ効果抜群!
カンフースクワット

Start
脚を肩幅に広げて立つ。
Step 1
手を胸の前で組んでお尻を
さげる。
お尻を下に!
グゥ〜
お尻は後ろに突き出す
脚は肩幅に開く

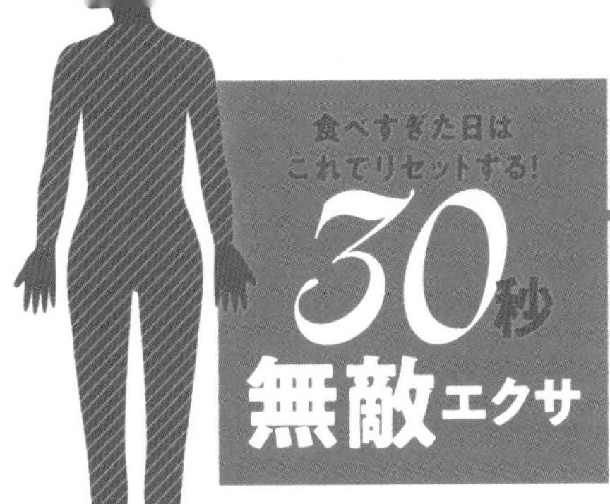
食べすぎた日は
これでリセットする!
30秒
無敵エクサ

Step 2

右脚を大きく前に蹴りあげて、左手にタッチする。*1*に戻って、左脚も同様に行い、交互に繰り返す。

右脚なら
左手にタッチ

上半身は丸まってもOK！

ひざは曲がってOK！

キック！

POINT

左右交互に、可能な限り速く行うことで、脂肪をガンガン燃焼できる！

06 サイドも絞りあげてくびれボディに!
アドミナルパンチング

Point
体勢をキープするのが難しい人は、かかとを立てて行うとバランスがとりやすい。

Step 1

ひざを曲げて座り、足をそろえて上体を後ろに倒す。

食べすぎた日は
これでリセットする！
30秒
無敵エクサ

Step 2

姿勢をキープしながら、腰を内側にひねって右手をなめ前にパンチ。1に戻って、左手も同様に行い、交互に繰り返す。

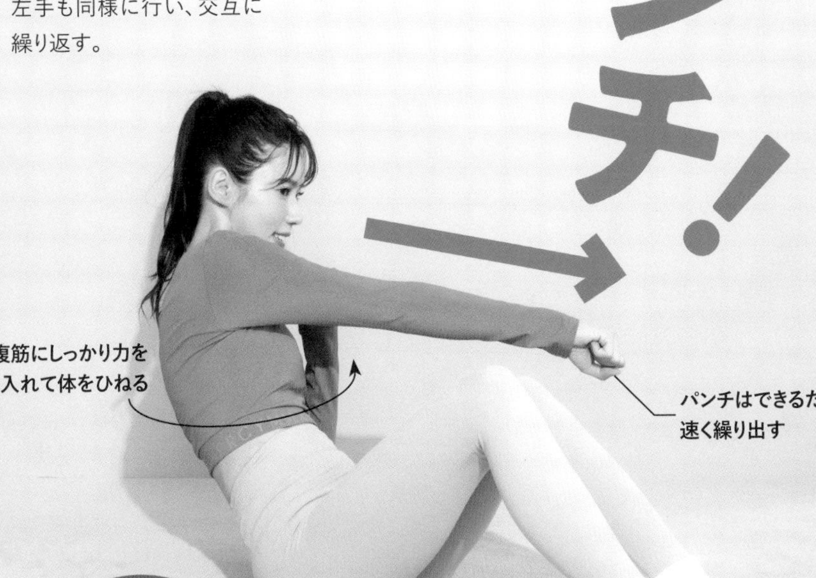
パンチ！
腹筋にしっかり力を
入れて体をひねる
パンチはできるだけ
速く繰り出す

POINT
腰が曲がってもOK。お腹をひねることを意識して！

07 反り腰を改善してお腹ぽっこりを撃退!

だるまストレッチ

Step 1

仰向けに寝転がり、両手で
ひざを抱える。

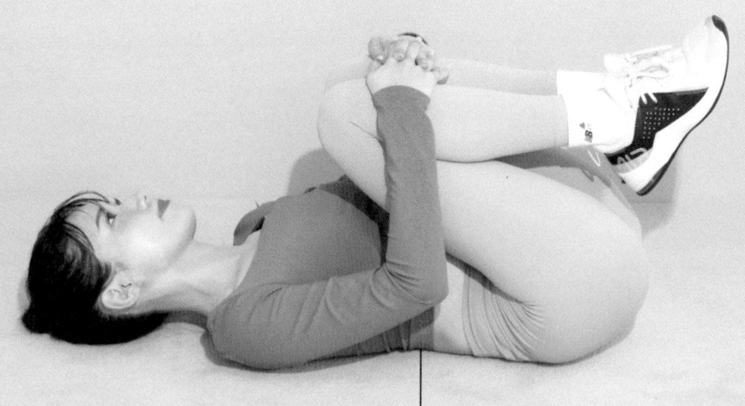

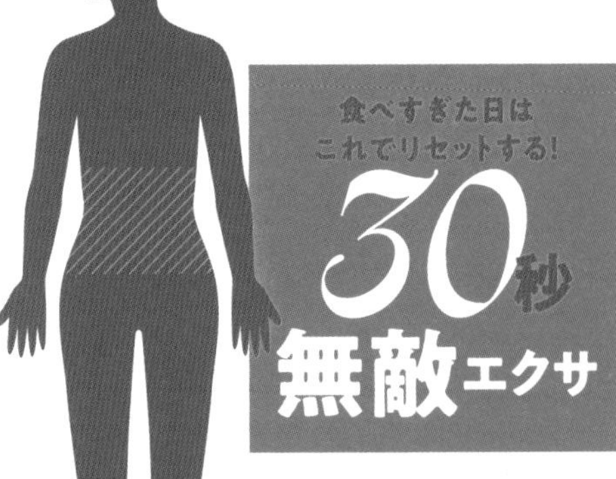
食べすぎた日は
これでリセットする!
30秒
無敵エクサ

POInt

ゆっくり深呼吸しながら行う。

Step 2

ひざを抱えたまま、ゆっくりと脚を回す。

グルグル

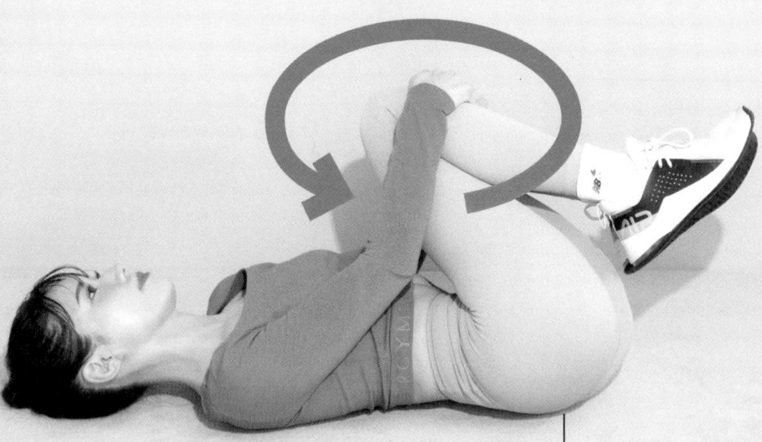

お尻を浮かすように回す

腸もみなら便秘の人でも即出るようになる!?

便秘は肌も荒れるし、ダイエットの大敵ですよね。私は朝起きたときと、夜寝る前に腸もみを取り入れてから、毎日のお通じの回数が増えました!

やり方は簡単。まずは、お腹の上と下をつかんでモミモミ。次に手をグーにして、時計回りにお腹をぐるぐるとなでます。そのあと、両手の指先でお腹を上から下に流すように押します。そしたら、指先をおへその下に当ててグッと押します。最後に、時計回りにお腹をなでたら終了。それぞれ10回ずつ行います。けっこう力強くもむので、ボディクリームを塗ったほうがやりやすいです。ただし、強くやりすぎてアザにならないよう注意してくださいね! 初めはお腹が固くて、下の写真のようにはもみほぐせませんが、続けるうちに柔らかくなってきます。

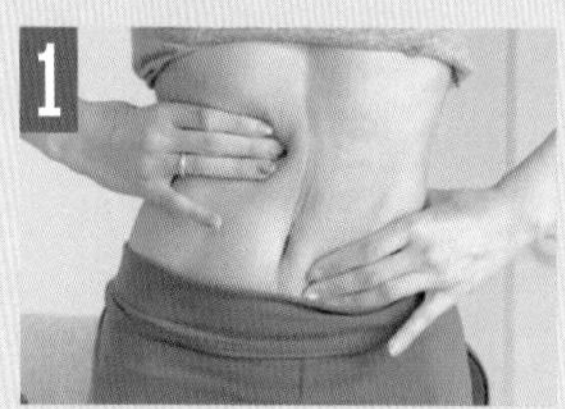

お腹の上と下をつかんでモミモミ×10回

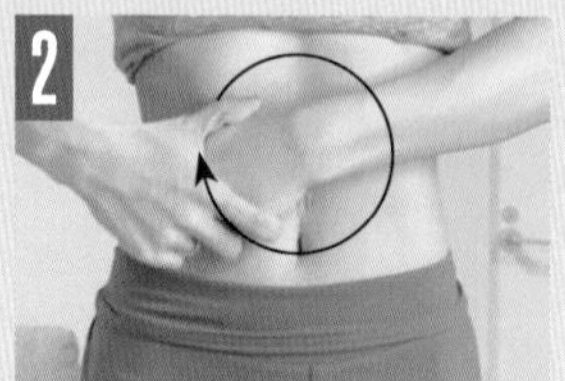

時計回りにお腹をなでる×10回

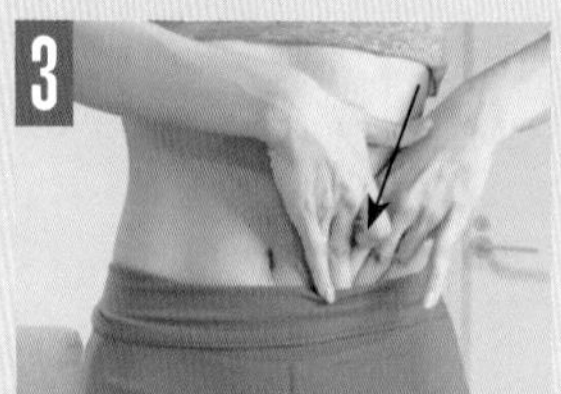

両手の指先でお腹の上から下まで流すように押す×左右10回

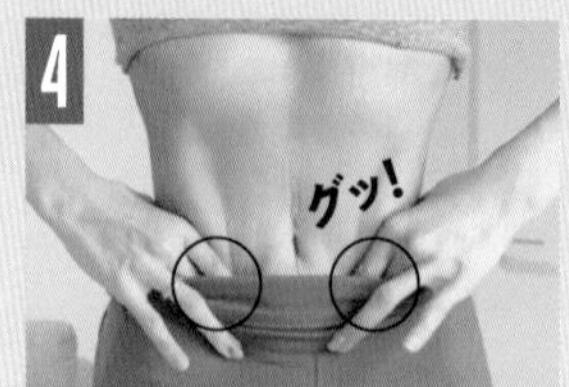

指先をおへその下に当ててグッと押す×10回

この4Stepのあとに、お腹をなでる×10回です。力は強めでOK。

part 4

11字腹筋が欲しい!

30秒くびれエクサ

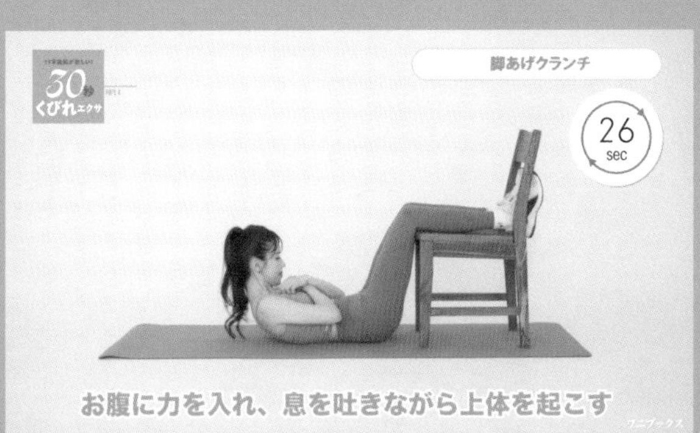
30秒くびれエクサ
脚あげクランチ
26 sec
お腹に力を入れ、息を吐きながら上体を起こす

動画でCHECK!

part4で紹介している7つのエクササイズ×30秒のフルセットを動画にしています!
ぽっこりお腹とは今日でサヨナラ!

01 ぽっこりお腹が11字腹筋に生まれかわる!

脚あげクランチ

POINT
曲げたひざが、ちょうど90度になるくらいの高さのイスを用意できるとベスト!

Step 1

床に寝転んで、両脚をイスの上に乗せる。

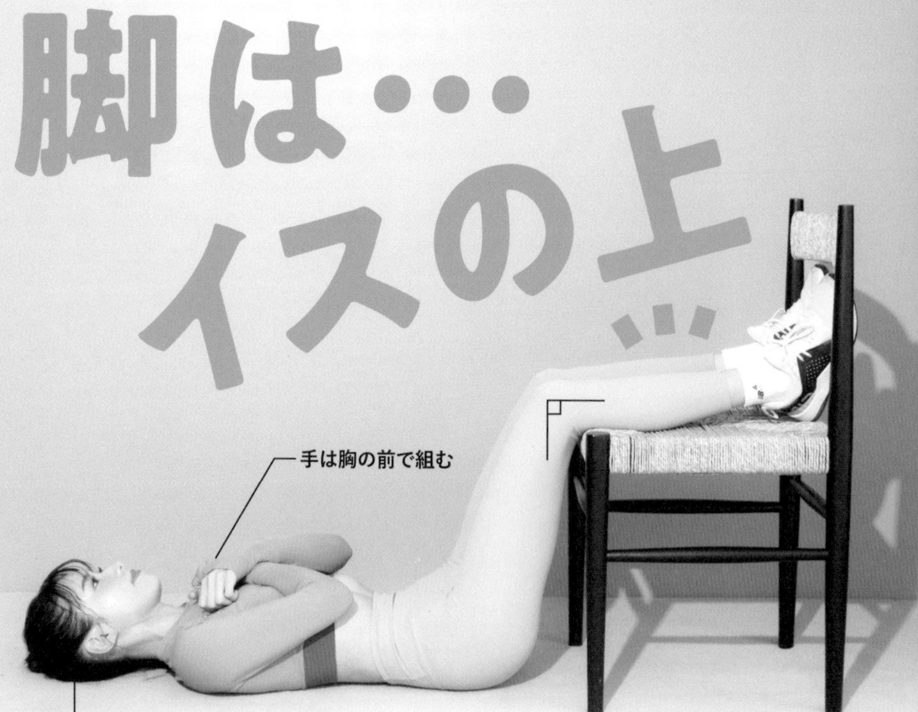

脚は…イスの上
手は胸の前で組む
頭を床につける

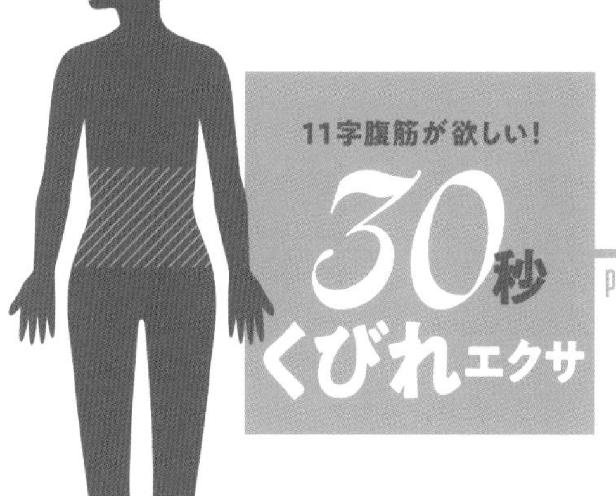

Point
首だけを持ちあげるのではなく、肩を床から離すイメージで、腹筋に力を入れて。

Step 2

お腹に力を入れ、息を吐きながら上体を起こす。1に戻り、同じ動きを繰り返す。

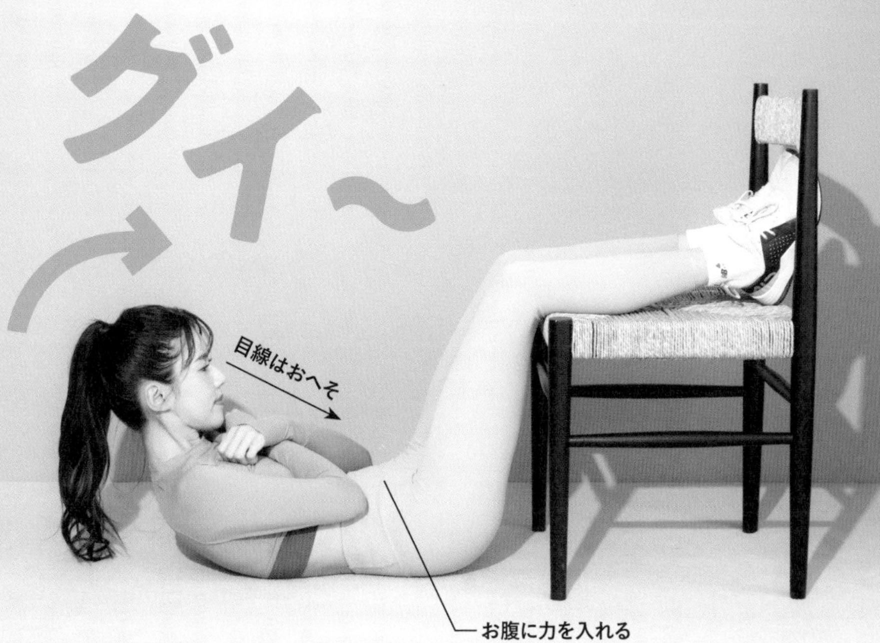

グイ～

目線はおへそ

お腹に力を入れる

キュッと締まったくびれを作る!

02 ツイスト床タッチ

ひざを曲げて座り、脚をそろえて上体を後ろに倒す。

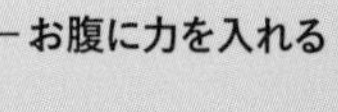

背筋を伸ばす

脚はそろえる

かかとを立てる

Ready…

NG

ただ上半身をひねるだけでは、効果なし。できるだけ上半身を倒してお腹に力を入れて。

Step 2

両手をそろえて、上半身をひねり、左右の床に交互にタッチする動きを繰り返す。

上半身をひねる

両手で

タッチ!

03 ポコ下腹をやっつけて脂肪も燃焼！ レッグレイズ

Step 1

仰向けになり、両脚のかかとを床から離してまっすぐ伸ばす。

Point
腰が反りやすい人はお尻の下に手をおき、腰で手を床に押しつけるイメージで行うとやりやすい。

まっすぐ！

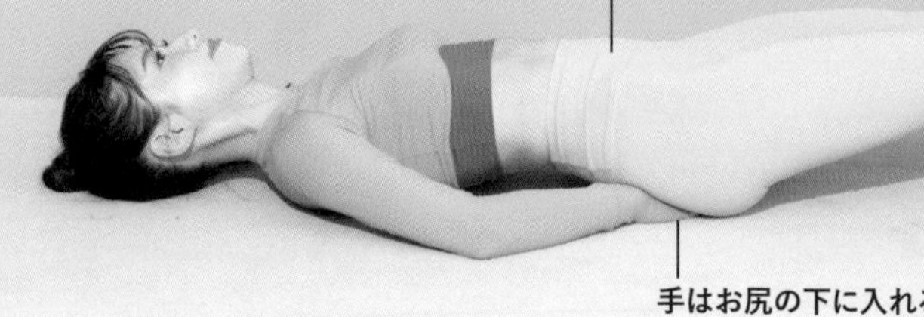

お腹に力を入れる
足を浮かせる
手はお尻の下に入れる

Point
脚をまっすぐにできない人は、ひざを曲げてもOK！

Step 2

両脚をそろえたまま、天井に向かってまっすぐあげる。1に戻り、同じ動きを繰り返す。

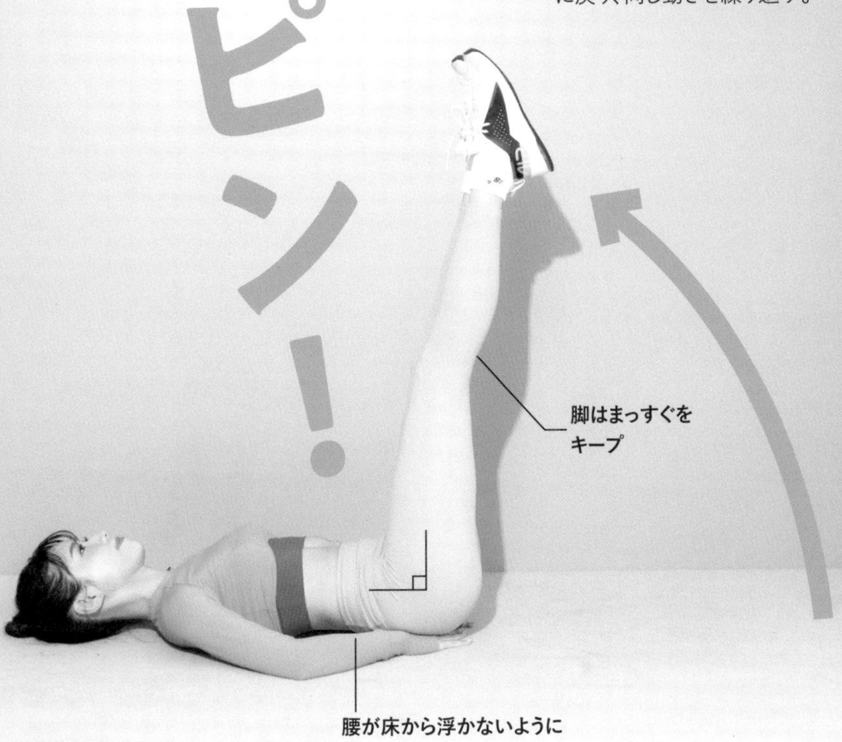

ピン！

脚はまっすぐをキープ

腰が床から浮かないように

04 腹筋を鍛えてぺたんこお腹に！
サイクリングクランチ

POINT
背中を床に押しつけるように、お腹に力を入れよう。

Step 1

仰向けになって少し頭を起こす。ひざを90度に曲げて脚をあげる。

キープ！
おへそを見るイメージで頭をあげる
手は頭の後ろで組む

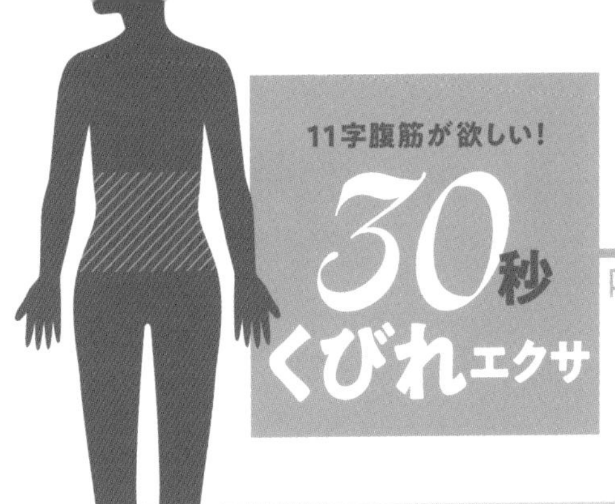

NG

きつくてもガニ股になるのは×。まっすぐおろすのが大切。

Step 2

ひざの角度を保ったまま、脚を左右交互におろす動きを繰り返す。

さげ
あげ

あげている脚は1の位置でキープ

かかとが床についたら左右入れ替え

05 ジーンズの上に乗っかるハミ肉を撃退！
プランクツイスト

POiNt
お腹に力を入れて、体全体を支えるイメージで行うと、ひじが痛くなりにくい。

Step 1

床に両ひじをつき、つま先を立てて体をまっすぐにキープ。

プランク！

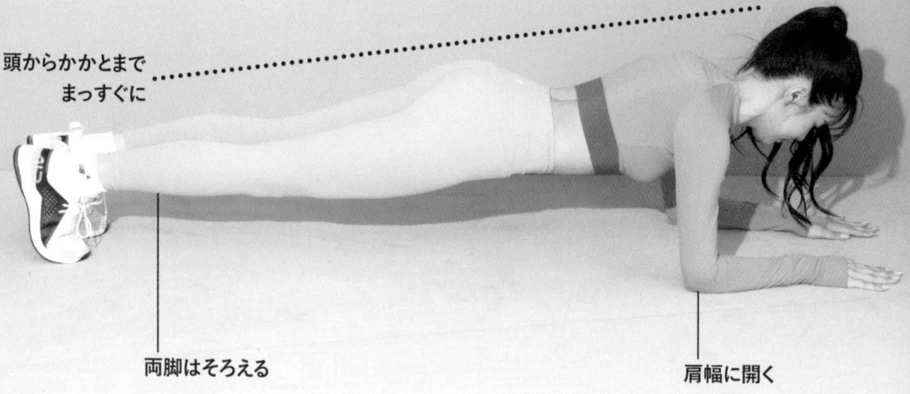

頭からかかとまでまっすぐに

両脚はそろえる

肩幅に開く

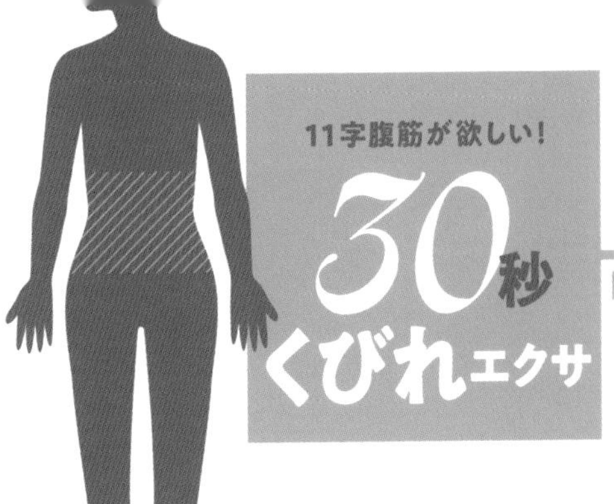
11字腹筋が欲しい!
30秒
くびれエクサ
part 4

POINt

かかとを倒すのが難しい人は、かかとは1の位置のままで、ウエストだけひねってもOK。

Step 2

左右交互にウエストをひねる。同じ動きを繰り返す。

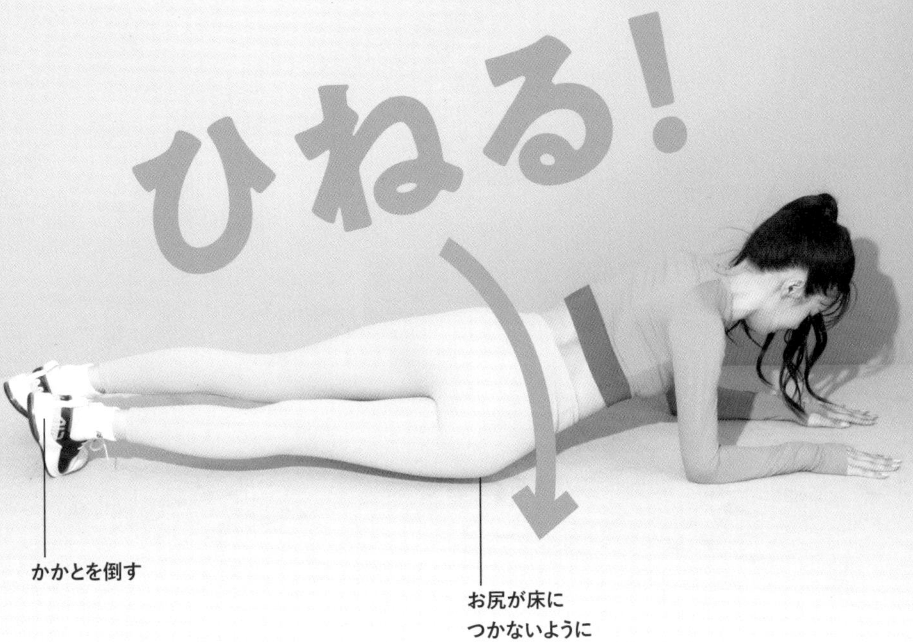

ひねる!

かかとを倒す

お尻が床に
つかないように

06 筋肉痛必至だけどプヨ腹とおさらばできる!
マウンテンクライマー&スパイダープランク

Start

床に両手をつき、腕立て伏せの姿勢に。

Step 1

曲げたひざをひじに近づけるイメージで、右脚を外側に引きあげる。

外側に!

ひざを体の外側に

手は肩幅に開く

NG

腰の位置がさがってしまうのは×。お腹に力を入れて腰の位置は常に一定をキープ!

Step 2

ひざを曲げたまま、次はひざを体の内側に引き寄せる。*1*に戻って、左脚も同様に行い、交互に繰り返す。

内側に!

ひざを反対側のひじに近づけるイメージ

07 体を伸ばして腹筋を柔らかく使える筋肉に！
アップドック

Start

Step 1

お尻をさげてお腹をグイーと伸ばす。

四つん這いの姿勢に。手と脚は肩幅に広げる。

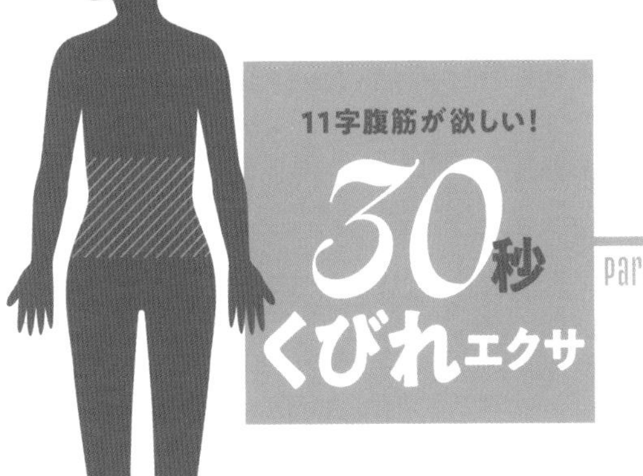

POINT

常にゆっくり深呼吸。体の力を抜いてリラックス。

Step 2

ひざを曲げ、床に座るイメージでお尻を脚に近づける。

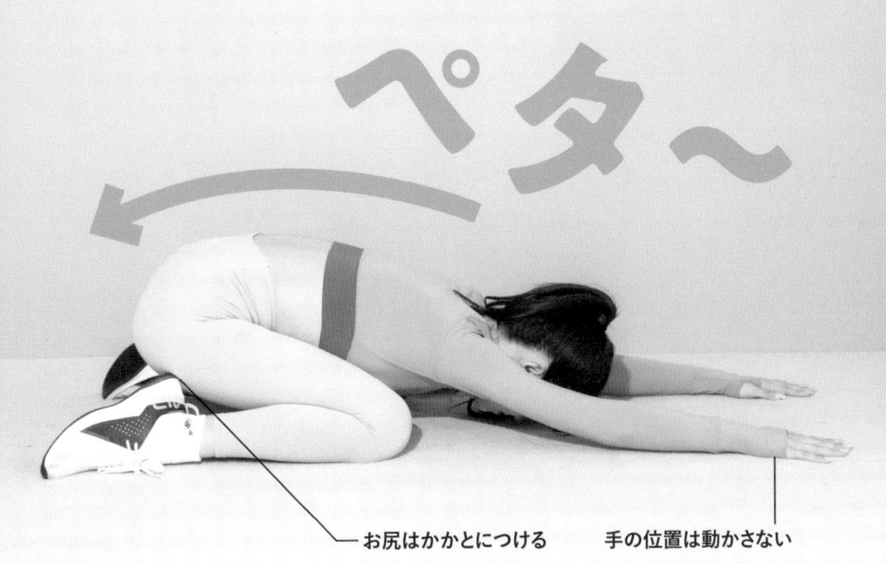

ペタ〜
お尻はかかとにつける
手の位置は動かさない

姿勢がキレイになると、エクササイズの効果もUP！

姿勢がいい人って、キレイですよね。年齢を重ねても、姿勢がいいだけで若く見える気がします。デスクワークで座っている時間が長いと、猫背になってしまいがち。私もデスクワークが多いので、その気持ち、よくわかります。でも、猫背にならないように意識しすぎると、反り腰になってしまう人も多いんじゃないでしょうか。実は、体幹部にあるインナーマッスルが弱っていると、そうなりやすいのです。

お尻を軽く締めて、腹筋に力を入れるようにして立つと、骨盤がまっすぐになった正しい姿勢を保ちやすくなります。この姿勢を常にキープできるようになると、エクササイズも正しい姿勢で行えるようになるので、効果UP。猫背や反り腰といった姿勢の悩みを抱えている人は、ぜひ右ページで紹介しているエクササイズを実践してみてくださいね。

姿勢を変えるメニュー

Menu

1
背中の筋肉を動かして、反り腰改善!
ダックプル

2
背中を伸ばして、スラリとした立ち姿に!
腰ひねりストレッチ

3
腕をグッと後ろに伸ばして、猫背を解決
胸ストレッチ

4
美胸を作ることも姿勢美人に近づく方法
小胸筋ほぐしストレッチ

5
手・腕・肩の可動域をアップ!
パピーポーズver1

6
ガチガチに固まった背中をゆるめる
パピーポーズver2

※miiiのInstagramでエクササイズを公開しています!

くびれ＆ペタ腹を形状記憶するラクちん腹筋がある!?

実は、最も安全な腹筋運動と呼ばれているバキューム。腹筋の力だけでお腹をグッと凹ませて、キープするというエクササイズです。お腹の深部にある筋肉「腹横筋（ふくおうきん）」を鍛えることで、ぽっこりお腹が改善できます。

鼻から大きく息を吸って、口からフーッと息を吐きます。このとき、吐き切るのが最大のポイント！ 吐き切ったら、お腹をグッと凹ませて15秒間キープ。おへそが背中にくっつくようなイメージで行ってみてください。これを5回ほど繰り返します。初めはあまり凹まないかもしれませんが、続けているとどんどんコツをつかんで、大きく動かせるようになっていきます。私はイスや壁に手をついて、前かがみになるとやりやすかったです。ほかにも、お風呂で体育座りになると、水圧が助けてくれるのでラクにできるという人もいます。

バキュームは朝イチにするのがおすすめ。内臓を上にあげる動きなので、食べてからだと気持ち悪くなってしまいます。朝起きたら大きく息を吸って吐いて、元気に1日をスタートしましょう！

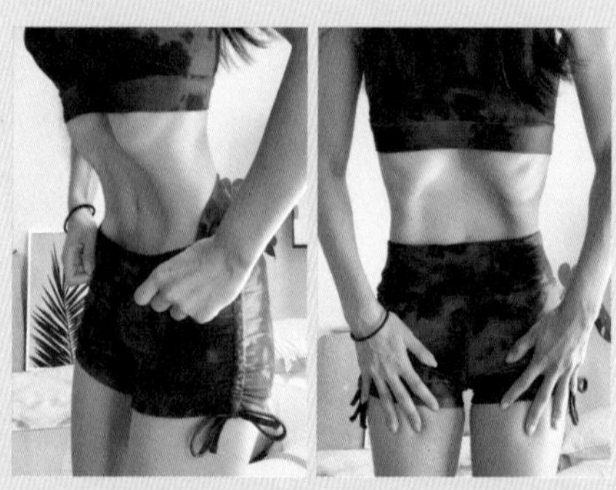

続けていくと、このくらいお腹を凹ませられるようになります！

part 5

ハミ肉対策！
背中から若返る
30秒 女神ラインエクサ

30秒
女神ラインエクサ
ベントオーバー
26
sec
お尻を壁につけて上体をさげる

動画で
CHECK!

part5で紹介している7つのエクササイズ×30秒のフルセットを動画にしています！
姿勢＆後ろ姿美人に生まれかわりましょう！

01 ブラからあふれる背中の肉を撃退! ベントオーバー

Step 1
壁際に立ち、お尻を壁につけて背筋を伸ばす。
トン!
手は胸の前でクロス
ひざは軽く曲げる
壁から30cm

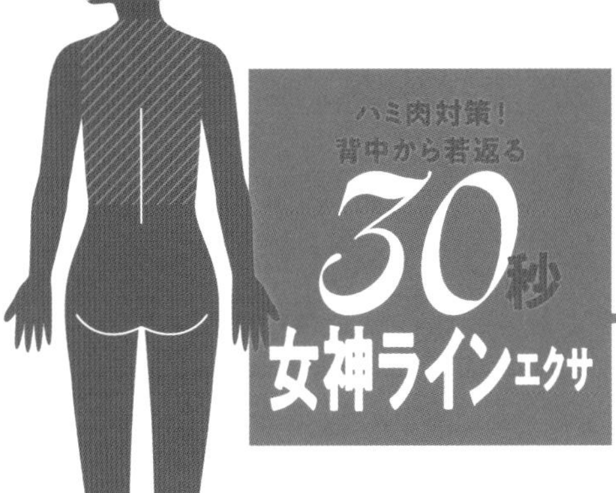
ハミ肉対策！
背中から若返る
30秒
女神ラインエクサ
part 5

Step 2

背筋を伸ばしたまま、上体をさげる。*1*に戻り、同じ動きを繰り返す。

ペコリ

背筋はまっすぐをキープ

Point

上体を起こしたときに、背中にしっかり効いている感覚があればOK！

NG

背中が丸まったままさげるのは効果なし。

02 背中から腰まで引き締める爆速くびれ術!
スーパーマン

POINT
初めは手足を床につけたままでもOK。慣れてきたら床から離して行ってみて。

Step 1

うつ伏せになり、お腹を支点にして手足を床から浮かせてピンと伸ばす。

伸び〜

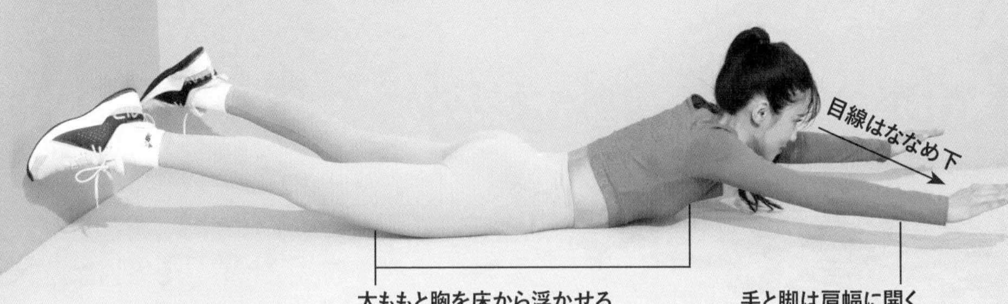
目線はななめ下
太ももと胸を床から浮かせる
手と脚は肩幅に開く

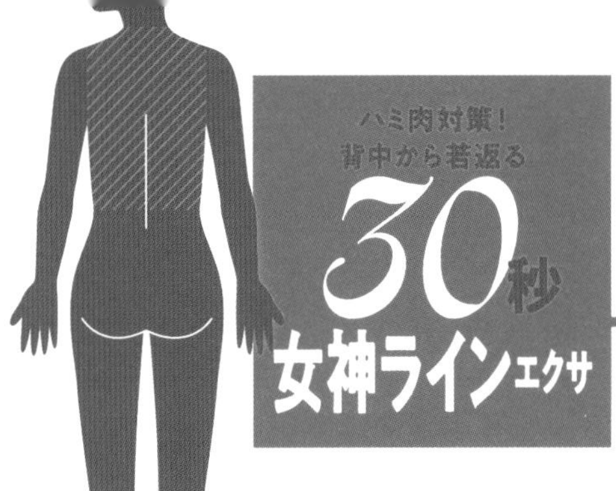
ハミ肉対策!
背中から若返る
30秒
女神ラインエクサ
part 5

Step 2

姿勢をキープしたまま、右腕をゆっくりと後ろに回してお尻にタッチする。*1*に戻って、左腕も同様に行い、交互に繰り返す。

タッチ!

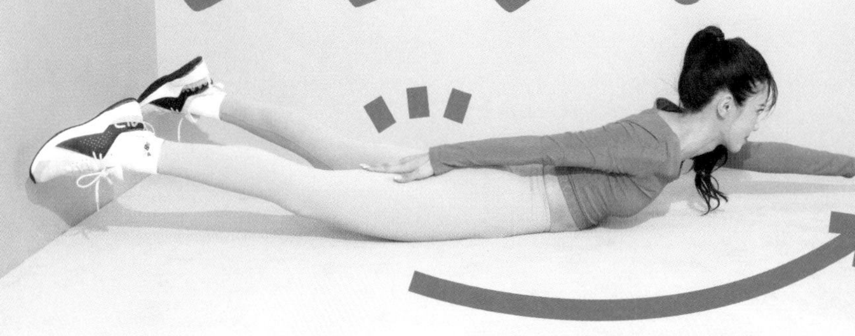

お尻をタッチしたら
また元の位置へ戻す

03 すくみ肩を改善してスラリと長い首に！ ダックアップ

Step 1
ひざ立ちになり、両手を後ろに回してお尻の前で組む。
組んで…
脚は肩幅に開く

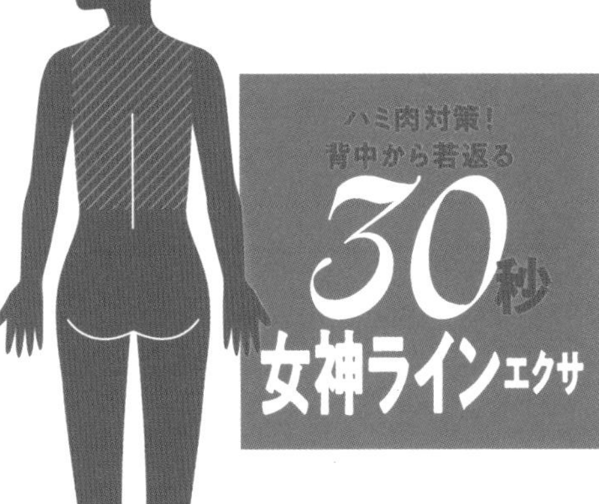

遠くに！

Step 2

手を組んだまま、肩甲骨を寄せながら腕を上にあげる。*1*に戻り、同じ動きを繰り返す。

首を伸ばす

肩はさげる

NG

肩があがると、肩甲骨を寄せにくくなる。首と肩を遠くに離すイメージで行って。

04 デスクワークでなりがちな巻き肩解消!
ダッククロス

Step 1

ひざ立ちになって、両手をおろす。

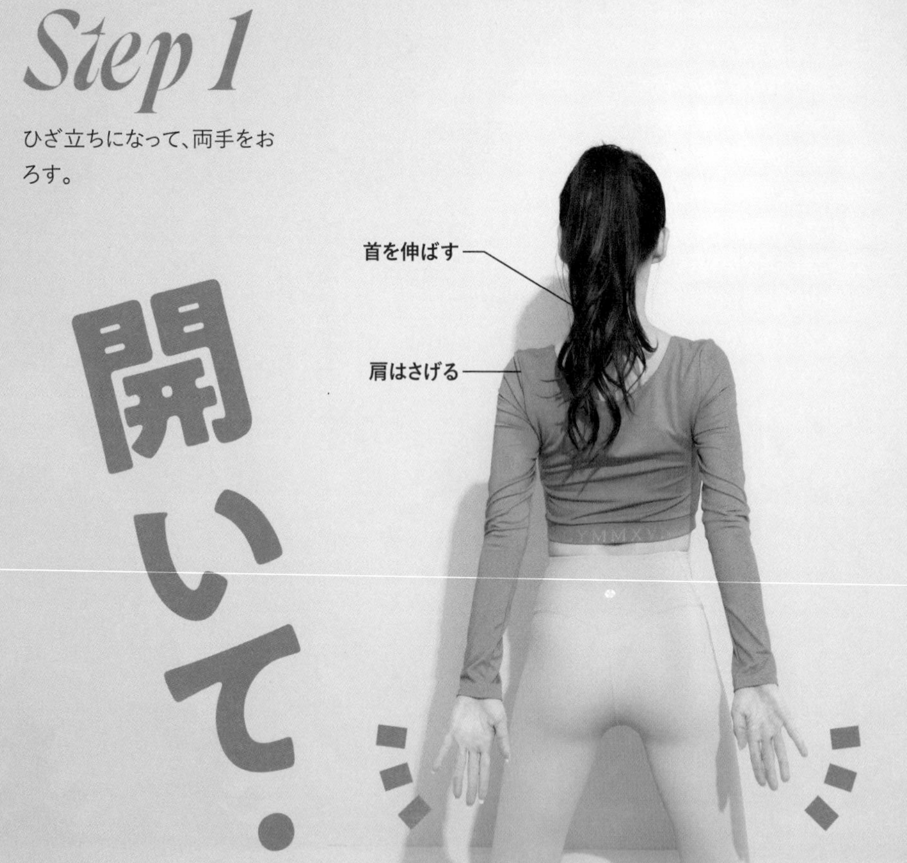

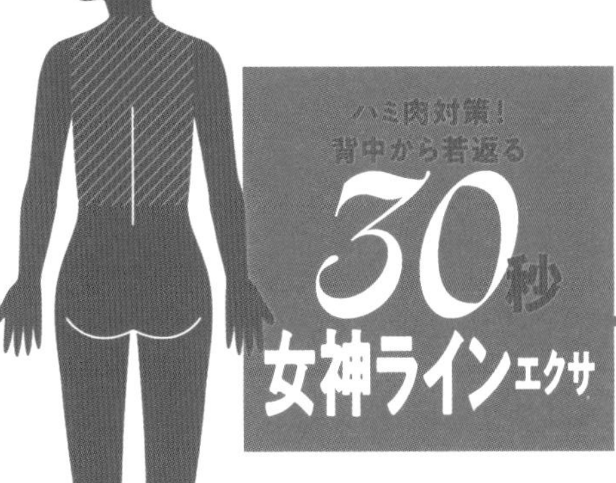

POiNt

ひじが曲がってしまっても、肩甲骨を寄せている感覚があればOK！

Step 2

体の後ろで左右交互に両手をクロスする。

肩甲骨をギュッと寄せる

二の腕に力を入れる

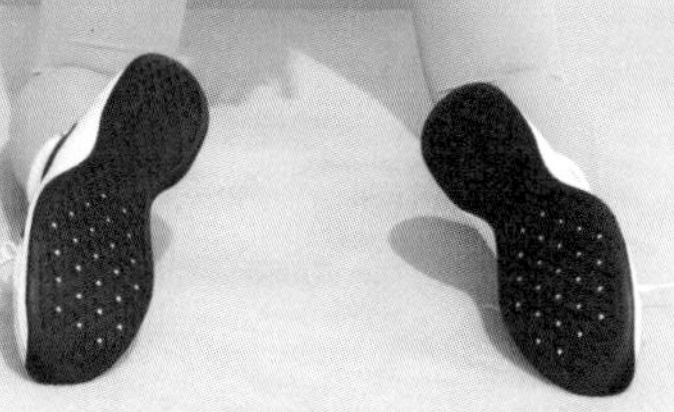

05 猫背を解消して360度姿勢美人!
スキャプラーストレッチ

Start

ひざ立ちになり、顔の前で両手のひじ下をくっつける。

Step 1

手をあげて後ろに回していく。両手は自然と離れる。

肩をさげる

グルリ

Step 2

肩甲骨をぐっと寄せながら、両手を大きくグルッと一周させる。*1*に戻り、同じ動きを繰り返す。

ひじは曲げたまま
両手を広げる

SIDE

後ろに回すとき、腕の位置は後頭部くらいまで引いて、肩甲骨を寄せると◎。

06 背中のモコっとしたハミ肉が消える!
プルダウン

Step 1

ひざ立ちになり、両手を上にあげる。

Step 2

ひじを曲げ、肩甲骨を寄せながら下にさげる。1に戻り、同じ動きを繰り返す。

POINT

動かしているときに、首がすくんでしまいがちなので、伸ばす意識で行う。

07 こりがちな背中の筋肉を解放～♪
チャイルドポーズ

Step 1
両手、両ひざをついて四つ
ん這いの姿勢になる。
四つん
這いで…
手と脚は肩幅に開く

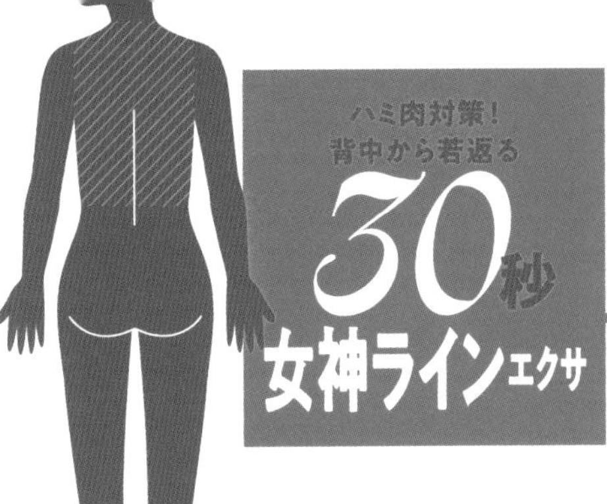

POINT

頭をさげたまま、ゆっくり呼吸しながらリラックス。

Step 2

お尻を後ろにさげ、おでこを床につけて全身の力を抜く。

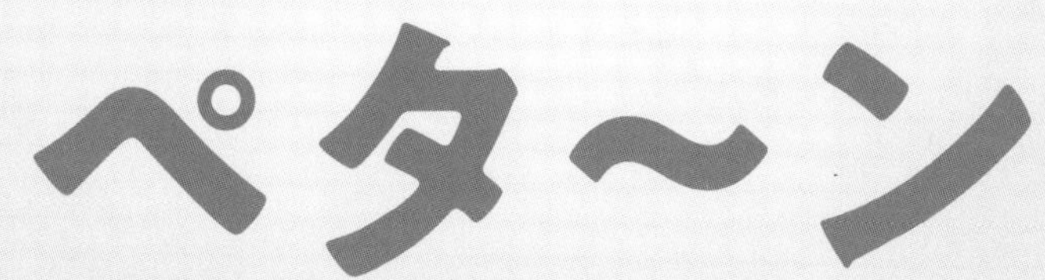

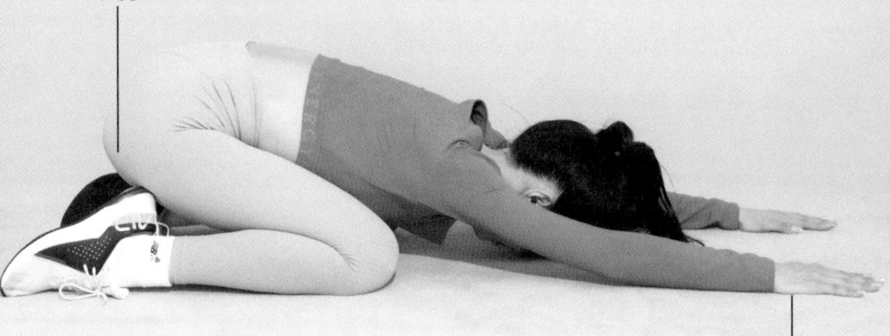

お尻はかかとにつける

手の位置は変えない

私のO脚が改善した
マル秘ストレッチ

子どものころから少しO脚だったんですが、大人になるにつれてそれが目立つようになりました。たぶん、脚を組むクセがあったのと、姿勢の悪さが原因だったのかも……。写真を撮って確認してみると、自分でもひどいなーと思うほどでした。

脚を組むのもそうですが、反り腰、外側重心、お尻の筋肉が弱い、すねの筋肉が目立つ、ぺたんこ座りをよくする、内股歩きなどがO脚の人の特徴といわれています。思い当たるフシがある人は、O脚改善効果のあるストレッチを取り入れてみるのがおすすめ。

ひざ下からの歪み改善には、片ひざを立ててつま先を内側、ひざを外側に向けるストレッチを。脚のねじれを解消したい場合は、仰向けで片脚をあげて、足首をグルグルと回すストレッチを試してみて。P14の「カエル脚アップ」も、お尻の筋肉を使えるようになるので、O脚の改善に効果的。ストレッチは長く続けることで効果が現れるので、あくまでも根気強く!

左脚を前に出しつま先を内側、ひざを外側に向ける。前に出した脚に30秒体重をかける。右脚も同様に。

仰向けになって、左脚をあげて足首を30秒回す。右脚も同様に。足首をほぐすイメージで!

part 6

隙間時間に カロリーリセット!

ながら30秒 燃焼エクサ

動画で CHECK!

part6で紹介している6つのエクササイズ×30秒のフルセットを動画にしています!
隙間時間だってエクサの時間にできるんです!

01 スマホを見ている時間がプチ腹筋作りタイムに！

ニーアップ

POINT
手はお腹の上におくとやりやすい。慣れてきたらスマホを見ながらやってもOK。

Step 1

仰向けになって頭を起こし、
ひざを曲げて脚をあげる。

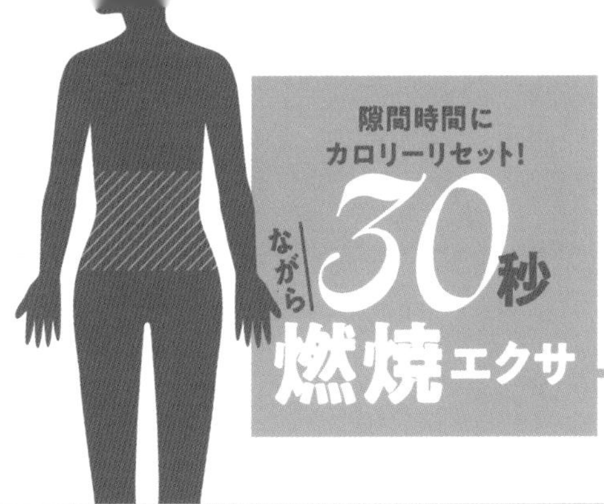

Step 2

脚をそろえたまま、まっすぐおろす。1に戻り、同じ動きを繰り返す。

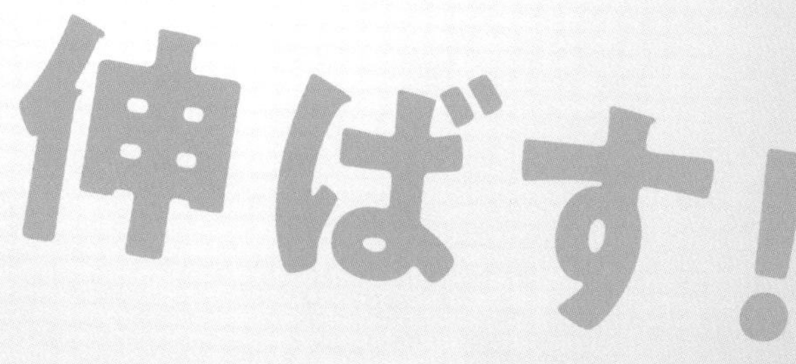

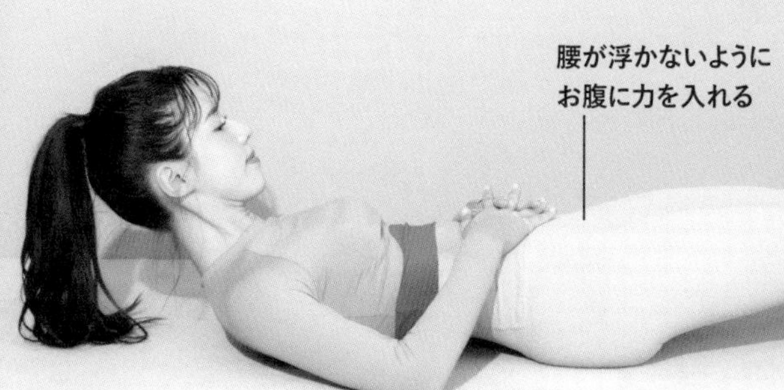

腰が浮かないように
お腹に力を入れる

かかとは床につけない

02 バタ脚

ラクラクながらトレなのに、前ももの張りが消える!

Step 1

うつ伏せになり、脚は肩幅に
広げる。

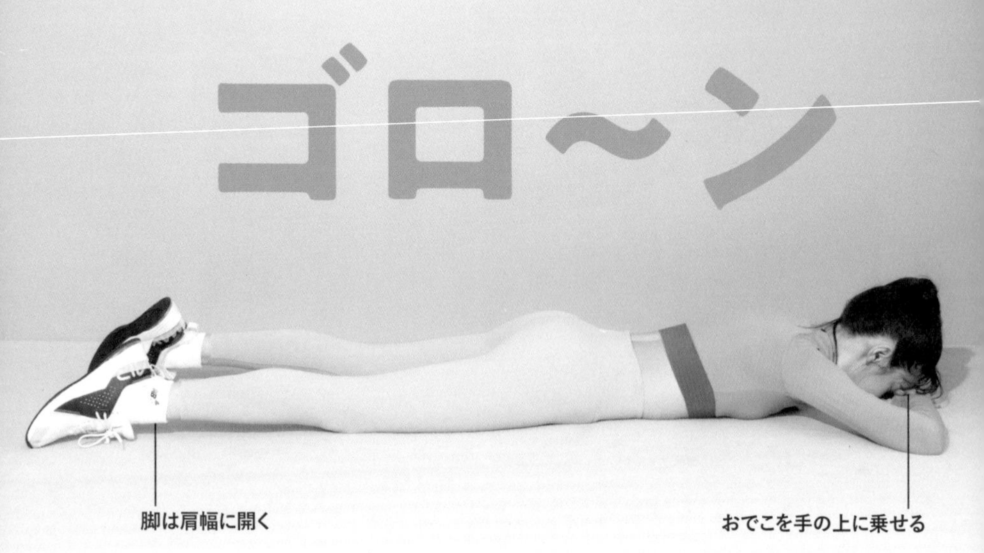

Point

慣れるとスマホを見ながらでもできるように!

Step 2

両脚のひざから下を交互にバタバタと動かす。

バタバタ

前ももが伸びていることを意識

03 カーフレイズ

どこでもできるエクササイズでキュッと締まったふくらはぎに!

POINT
バランスがとりづらいなら、壁に手をついてもOK。

Step 1

脚を肩幅に広げてまっすぐ立つ。

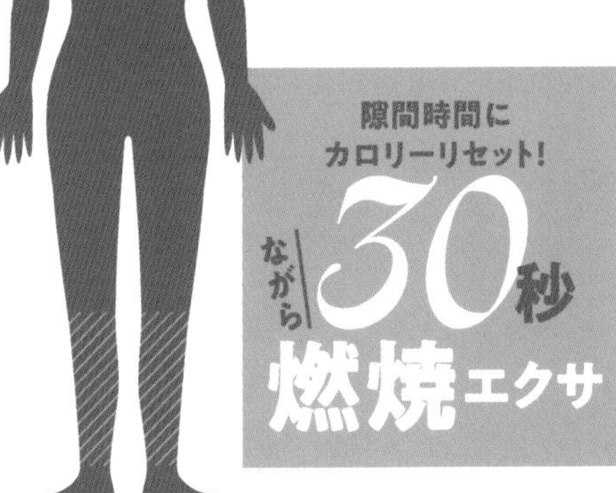

POint

電車や料理中、歯磨きタイムなど、こまめに取り入れて！

Step 2

かかとをあげて、つま先立ちになる。*1*に戻り、同じ動きを繰り返す。

上に伸びっ

NG

かかとが外側に向くのは×。

重心は拇指球（親指の付け根にあるふくらみ）に

隙間時間だけでお腹＆太ももの同時ヤセが叶う！

04 レッグ エクステンション

Step 1
イスに座り、手をイスのへりにおく。
座って
背筋を伸ばす
POINT
脚を前に伸ばせるなら、イスのどの位置に座ってもOK。浅めに座ると効果UP！
足は床につける

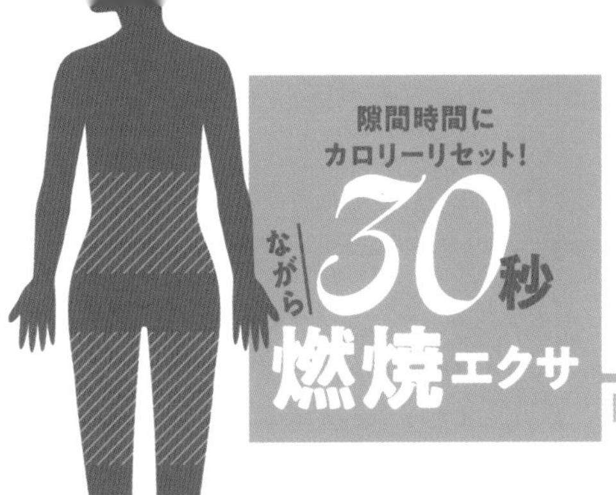

Step 2

脚をそろえて前に伸ばす。1
に戻り、同じ動きを繰り返す。

伸ばす

背中がイスに
つかないように

お腹に力を入れる

Point
テレビを見てるときなどに取り入れてみて。

05 デスクワーク中も密かに美脚鍛成中!
シーテッドレッグアダクション

本を用意してね!

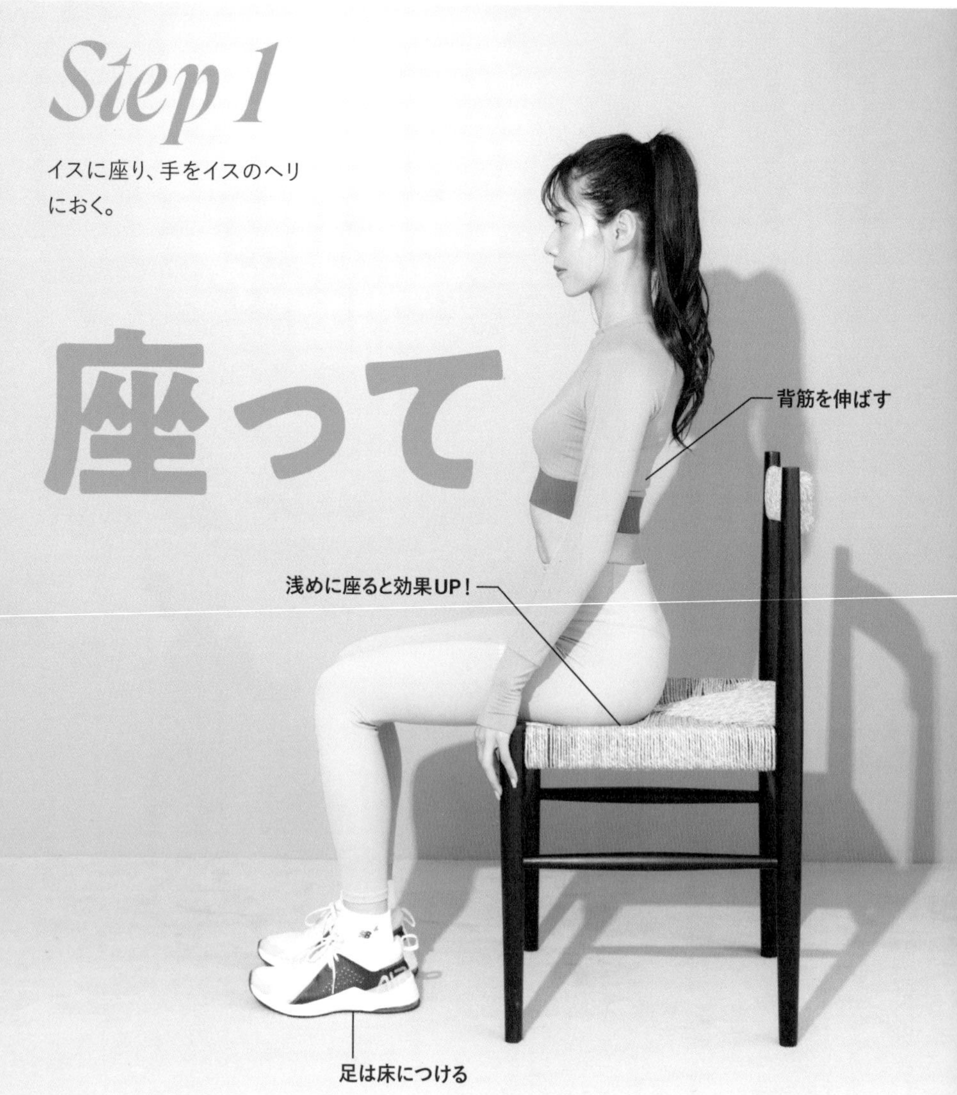
Step 1
イスに座り、手をイスのヘリにおく。
座って
背筋を伸ばす
浅めに座ると効果UP!
足は床につける

Step 2

ひざから太ももあたりに本を
挟み、そのまま30秒キープ。

ギュ〜

太ももに力を入れる

Point
厚さ3cmくらいの本がベスト。本がなければ、ペットボトルやタオルでもOK!

06 ヒップ エクスタンション

料理中のながらエクサでお尻と太ももの境目が生まれる!

POINT
慣れるまでは、壁に手をついてもOK。

Step 1

脚をそろえてまっすぐ立つ。

まっすぐ!

背筋を伸ばす

足はそろえる

Step 2

右脚を浮かせて、やや体の外側、ななめ後ろに蹴り出す。*1*に戻り、左脚も同様に。同じ動きを交互に繰り返す。

背筋はまっすぐをキープ

体の外側に出す

キック!

これで−8kg！ miii式ヤセごはん

運動するときには、炭水化物をある程度摂らないと、せっかくつけた筋肉がエネルギーとして分解されてしまいます。そこで、白米よりも食物繊維が多く、栄養たっぷりのオートミールを取り入れるようになりました。

ダイエットを一番頑張っていた時期は、なんと毎食オートミール！ 今は食べすぎた翌日の朝にオートミールを食べるようにしています。

初めは外国製のものを買ってみたのですが、匂いが強すぎて挫折しそうに……。そこで日本製の粒感のあるオートミールを試してみたところ、小麦臭さもなく、食べられるようになりました。

オートミールは鍋で煮るだけでいいので、調理も簡単なのが魅力。それに、色々なアレンジも楽しめるので、飽きることなく続けやすいんです！ なかでも、鍋にダシダ（韓国の粉末調味料）、コチュジャン、キムチ、きのこ、鶏肉、オートミールを入れて水を加え、10分ほど煮た「キムチオートミール」がお気に入り。レンジで作る方法もありますが、鍋で作ったほうが断然おいしい！ ランチや忙しい日の夕食にぴったりです。

左がお気に入りの「キムチオートミール」。右は、ヨーグルトとはちみつ、オートミールを混ぜて一晩寝かした「オーバーナイトオーツ」。フルーツと合わせると朝食にぴったりです。

part 7

ストレッチで体の疲れをなくす! 30秒ゆるエクサ

ダウンドッグ
27
sec
つま先の位置を固定したまま
ひざを前に出してかかとをあげる

動画でCHECK!

part7で紹介している6つのエクササイズ×30秒のフルセットを動画にしています!
ストレッチで体と心をほぐしましょう!

01 背中の緊張をほぐして巻き肩改善!
壁プルダウン

POINt
ゆっくり深呼吸しながら行う。

Step 1

あぐらで座り、背中を壁にぴったりつけて両手を上にあげる。

SIDE

腕は上下に動かすだけで、肩甲骨は寄せなくてOK。

Step 2

ひじを腰に近づけるように、ゆっくりと曲げながら下にさげる。*1*に戻り、同じ動きを繰り返す。

腕は壁にそわせる

さげ

02 裏ももとふくらはぎの疲れをゼロに!
ダウンドッグ

Start

四つん這いになる。手足は肩幅に広げる。

Step 1

四つん這いの姿勢から、そのまま腰を高くあげる。

腰をあげて

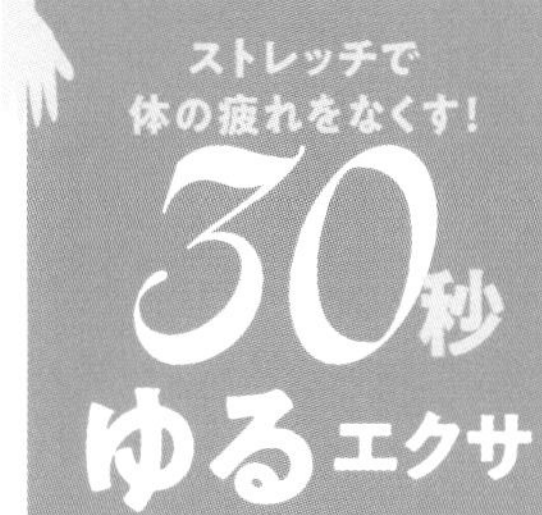

つま先の位置を固定したまま、右ひざを前に出す。*1*に戻って、左脚も同様に行い、交互に繰り返す。

ふみふみ

Point
背筋がまっすぐにならない人は、腰の位置をさげてやってもOK。

03 脚の柔軟性を高めて下半身のむくみとバイバイ!

臀筋（でんきん）ストレッチ

Step 1

仰向けになってひざを立てたら、右脚を左脚のひざの上に乗せる。

乗せる

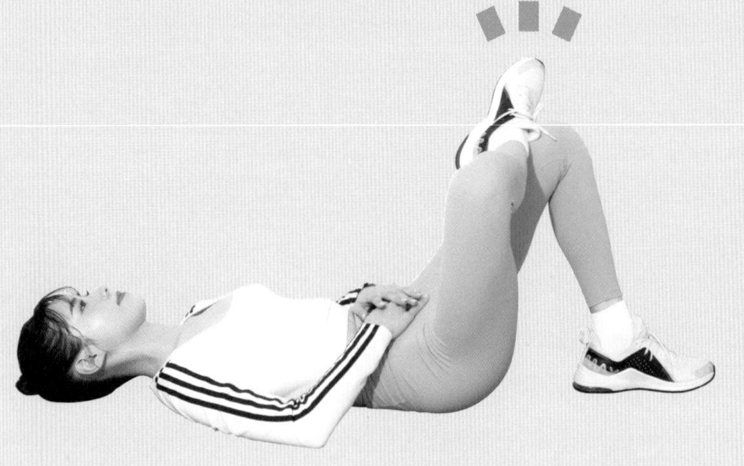

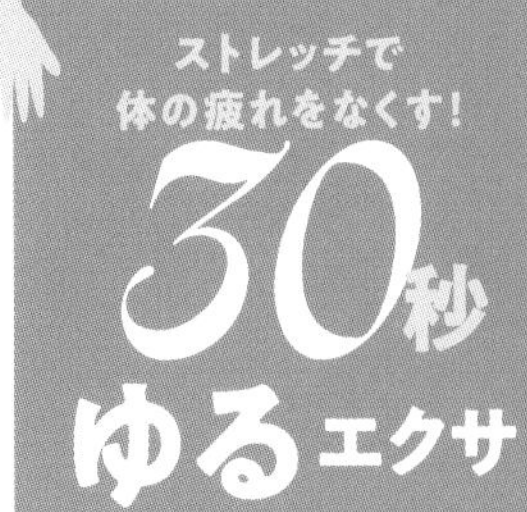

POInt

息を吐きながら、ひざを引き寄せると◎。

Step 2

両手で左脚のひざを抱え、右脚を胸元に寄せる。
30秒やったら、反対も同様に。

グイ〜

お尻と太ももの横あたりを伸ばす

04 股関節の可動域を広げてエクサの効果を倍増！

外太ももストレッチ

Point
できるだけ、お尻とかかとの位置を近づける。

Step 1

仰向けになってひざを立て、
両手で両足首をつかむ。

つかんで

Step 2

足首を持ったまま、右脚を内側に倒す。*1*に戻って、左脚も同様に行い、交互に繰り返す。

パタッ!

腰が浮かないように

05 内転筋ストレッチ

内ももを伸ばしてたるみレス脚に!

Step 1

ひざを大きく広げて四つん這いになり、ひじは床につける。

大きく広げて

Point
腰が反るのは×。常に背中がまっすぐな姿勢を保てる範囲内で動く。

Step 2

姿勢をキープしたまま、お尻を後ろに引く。*1*に戻り、同じ動きを繰り返す。

後ろに ←

背筋はまっすぐキープ

グイ〜

06 反り腰姿勢ブスが姿勢美人に生まれかわる!

バックツイストヒールタッチ

Start

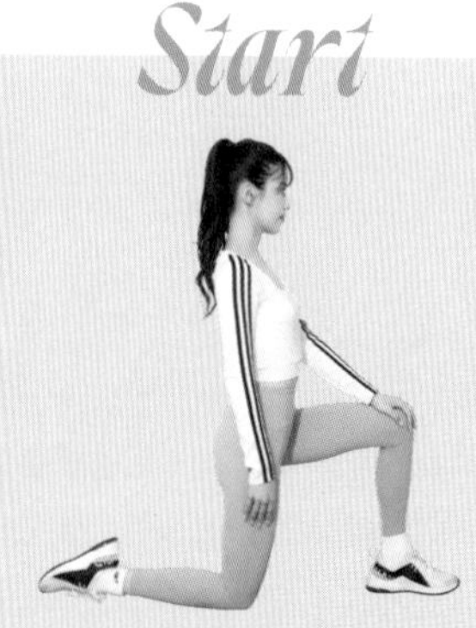

ひざ立ち姿勢から左ひざのみを立たせる。

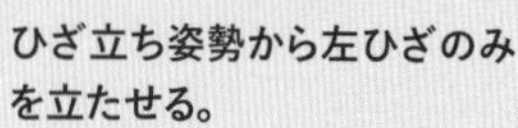

Step 1

右手で右足首をつかむ。

つかんで

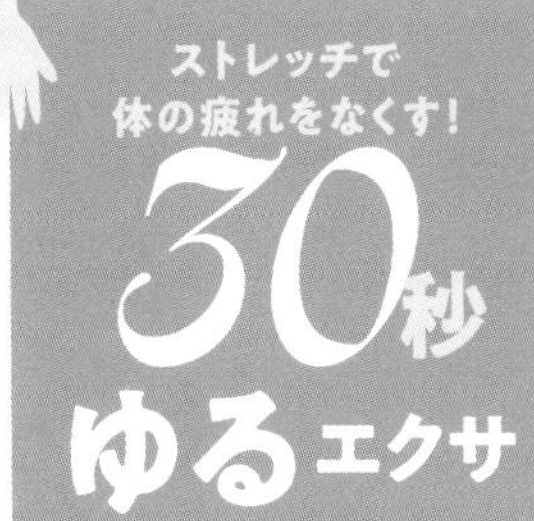

Step 2

左手を上にあげて、グッと伸ばす。
30秒やったら、反対も同様に。

伸び〜

Point

腕を伸ばすことで、腰は自然と前に行く。股関節(脚の付け根)が伸びているのがわかればOK!

上半身をひねる

目線は足のつま先を見る

脚の付け根を伸ばす

miii
プラスアルファ30秒エクサ

時間がない日の
寝る前30秒ダイエット

仕事に家事にと慌ただしく動いていたら、あっという間に寝る時間。運動するヒマなんてまったくなかった……という日もありますよね。その日を境にモチベーションが保てなくなり、諦めてしまうなんてことも。

そんなときは、寝っ転がったままできるような簡単なエクササイズでいいからやってみてください。右ページで紹介しているのは、スマホを見ながらでも、家族やお隣さん、みんなが寝静まった夜中でもできる、簡単な運動です。やる前までは億劫ですが、実際に動いてみると意外とできちゃうものです。そのまま調子が出てきたら、さらにもう30秒……と増やすのが理想です。私はテンションがあがって、エクササイズを追加することもしばしばあります。

だけど、そのまま寝てしまっても大丈夫。だって、30秒頑張ったんですから！ 昨日よりも、前に進んだ自分を褒めてあげてくださいね。

寝る前にできるメニュー

Menu

1
内ももを鍛えて脚に隙間を作る!
カエル脚パカ

2
かかとを床にトントンしてスラリ美脚に!
片脚伸ばし

3
むくみで極太になった脚をスッキリさせる!
かかとあげさげ

4
ラクにくびれが手に入る!
くびれストレッチ

5
脚とお尻の脂肪にダブルパンチ!
横向き脚パカ

6
キレイな左右対称の脚が手に入る!
横向き脚パカ(反対)

動画で CHECK!

※miiiのInstagramでエクササイズを公開しています!

どんな人だって
別人級ボディになれる

エクササイズをやってみてどうでしたか?
意外と簡単だと思った人、30秒でもちょっときついかも……って
思った人もいるでしょう。

最初は無理せず、できる範囲、できる限りでもいいので
30秒間チャレンジしてみてください。

私自身、毎日働きながらでも、
日々自宅での30秒ダイエットを続けたことで、
自分が理想とするボディになれました。
ありきたりな言葉ですが「継続は力なり」です!

1時間ジムに行く時間の余裕はなくても、
1日30秒ならきっとあなたにもできるはず!

人は見た目がすべてではないけれど、
自分が理想とするボディに近づけば
その分、自信が持てるようになり、
毎日がもっと幸せになると信じています。

変わりたいと思うすべての人へ。
あなたの今日が「何かした日」に変わるととてもうれしいです。

miii

miii ミイ

総フォロワー30万超のインフルエンサー兼会社員。食べて呑むことが大好きだが、婚約者との遠距離中に激太り。ダイエットを決意し、3ヶ月で−8kgに成功。自宅でできる"食べてヤセるダイエット"をテーマに、働きながらでもヤセられる日々のエクササイズを発信中。なかでも毎日更新される30秒のエクササイズが無理せず続けやすいと大人気で、世代問わず支持されている。

Instagram dietvlog_miii160cm

TikTok dietvlog_miii160cm

別人級30秒ダイエット

著　者　miii

2023年11月20日　初版発行

発行者　横内正昭
編集人　青柳有紀

発行所　株式会社ワニブックス
〒150-8482
東京都渋谷区恵比寿4-4-9えびす大黒ビル
ワニブックスHP http://www.wani.co.jp/
お問い合わせはメールで受け付けております。
HPより「お問い合わせ」へお進みください。
※内容によりましてはお答えできない場合がございます。

印刷所　TOPPAN株式会社
製本所　ナショナル製本

定価はカバーに表示してあります。

**※本書のメソッドは著者独自のものであり、
効果・効用には個人差があります。
※事故やトラブルに関して本書は責任を負いかねますので、
あくまでも自己責任においてご活用をお願いいたします。
※本書のメソッドを行うことに心配や不安がある場合は、
専門家や専門医にご相談のうえお試しください。**

ISBN 978-4-8470-7373-1

Staff

装丁・本文デザイン
木村由香利（986DESIGN）

撮影
布施鮎美

ムービー
ノンキビーム

ヘアメイク
石川ユウキ（Three PEACE）

構成
上村絵美

校正
深澤晴彦

編集
岡田直子、山角優子（ヴュー企画）

編集統括
吉本光里（ワニブックス）